Trans+

Trans+

不在

不同的存在

不在系列 11

我看到的世界跟你不一樣：靈魂溝通師的真情筆記

作者：Jessica
責任編輯：李清瑞
封面設計：簡廷昇
校對：李筱婷
內頁排版：宸遠彩藝
印務統籌：大製造股份有限公司

出版：小異出版
105022台北市松山區南京東路四段25號11樓
www.locuspublishing.com

發行：大塊文化出版股份有限公司
105022台北市松山區南京東路四段25號11樓
讀者服務專線：0800-006-689
電話：02-87123898
傳真：02-87123897
郵政劃撥帳號：18955675
戶名：大塊文化出版股份有限公司
法律顧問：董安丹律師、顧慕堯律師

總經銷：大和書報圖書股份有限公司
新北市新莊區五工五路2號
電話：02-89902588
傳真：02-22901658

初版一刷：2024年8月
初版二刷：2024年9月
定價：350元
ISBN：978-626-98317-1-5

國家圖書館出版品預行編目(CIP)資料

我看到的世界跟你不一樣：靈魂溝通師的真情筆記/Jessica著.
-- 初版. -- 臺北市：小異出版：大塊文化出版
股份有限公司發行, 2024.08
264面；14.8×20公分. -- (不在；11)
ISBN 978-626-98317-1-5(平裝)

1. 通靈術　2. 靈魂

296.1　　113008734

Jessica

我看到的世界跟你不一樣

靈魂溝通師的真情筆記

目次

第三篇 與愛重逢

第四篇 為靈魂之旅鋪路

推薦序

我認識的這個陰陽眼

華文 Podcast 節目《8靈3研究所》 S所長

「溝通了這麼多的靈魂，他們最常會說到的是什麼？」

「遺憾。」

我面前的 Jessica 慢慢地吐出這兩個字。

我一直記得那個陽光明媚的下午。看著面前望向我的那雙深邃眼睛，伴隨著空氣中緩慢流動的香味；以及當下那個時刻，我好怕她會突然說出在我肩膀上正有隻女鬼之類的內心驚懼。那是我初識 Jessica 的兩個月之後，我第一次鼓起勇氣，問她與靈魂有關的問題。

陰陽眼？鬼？頻率？能量？靈魂溝通？

第一次聽到「靈魂溝通」，對於當時還執著在物質世界汲汲營營的我，自然地與宗教、宮廟、靈異等這一系列字眼連結在一起；甚至有點懷疑，是不是這個女人的想像力過於豐富，還是有解離或人格分裂的精神狀況。

後來因為工作的關係，打開了我與神祕學領域的通道。在我所能訪問過的「靈能力者」、或各種所謂「能看到」的老師們之中，Jessica 應該是讓我最感到安心的存在。

她對於靈魂世界的描述，未曾帶有過任何恐懼害怕，一切都是如此自然樸實，好似每個平凡的早晨陽光，理所當然地存在你我之間，溫和且平靜。

即便是進行溝通的過程，也沒有我以為的電影場景中的「上身」；反而比較像是一個淡淡的、如實的、甚至帶有撫慰氣息的「翻譯」，在陰陽兩界的交接處，單純傳遞著思念與不捨的訊息。

沒有什麼表演的可看性，卻是直擊人心的真誠觸動。

「對，他以前就是這樣說話的……」

「對，這是他會用的字句……」

類似這樣的回應，就是最常聽到她在進行靈魂溝通當下的家屬反饋。

其實這本書的問世，我個人是有比較多的擔心與不捨的。

「妳知道嗎？要是早個幾百年，妳是真會被抓去燒掉的。」

「可能在那個時代已經被燒過了吧……哈哈哈。如果這一次有機會，可以減少人們未來的遺憾，我很樂意能做這件事。」

好吧，那就這樣吧。

用「渡化」兩個字太過傲慢。但如果可以經由這本書，透過一雙不一樣的眼睛，有機會重新認識那個我們還看不到的世界；有機會讓曾經存在這個世界的人事物，可以不再有遺憾；那我很樂意向你推薦 Jessica 這位陰陽眼。

前言

嘿，朋友，當你打開這本書時，我想先給你一點頭緒。這本書是一個原本深埋在醫護背景下的我，如何踏上靈魂溝通之旅的故事。在這本書裡，我將與你分享很多關於靈魂是否真實存在的思考，還有我身為一個陰陽眼的所見所感。

我得說，這本書可能會挑戰你曾經知道的，或許會顛覆你過去聽過、想過，甚至看過的一切。但這就是我想要的，我想帶你從我長期觀察靈魂的視角，來重新認識這個世界。

在我的世界裡，沒有所謂造神的操作。這些看不見的訊息就像空中的 Wi-Fi 信號，雖然肉眼看不見，但它卻確實存在，我們每天都在使用。

希望在你讀完這本書後，對於靈魂的世界不再畏懼；或者你可能會想嘗試用我的方式去面對生活。無論是哪種想法，我都覺得很棒！

說不定有一天，科學會證明靈魂的存在，或許未來會有種機器能夠把靈魂世界的一切展現在我們面前。

怎麼樣？準備好了嗎？讓我們一起開啟這段靈魂旅程吧！

在看得見與看不見的世界之間，我是一座橋樑。作為一個陰陽眼，我擁有一種罕見的特殊能力，這使我能夠見證那些關於離別和突然逝去的深刻故事，感受家屬所承受的無盡悲傷。每一次的靈魂對話，都深深震撼著我的心，讓我感受到靈魂永恆不滅的力量。

在我眼中，這個世界不再僅是物質的存在。我看見生與死的交織，感受到靈魂與肉體間的細微聯繫。當我在靈界和現實間傳遞那些未竟的情感和未說的話語時，我見證了人們眼中的淚水如何轉化為心靈的釋懷和療癒。

從重症病房的護理人員到靈界的祕密探索者，我的生活充滿了不可思議的故事。透過我的眼睛，將帶你進入一個不為人知的靈界，一個遠超越宗教信仰和科學理解的神祕領域。與靈魂的交流，不只是關於那些已離我們而去的靈魂，也預示著我們每個人最終將面對的旅程。

在這些靈魂的故事中，他們的愛、遺憾、希望和恐懼，都是每個人可能遭遇的情感。通過理解他們的經歷，我開始意識到生命的多面性及死亡的不可避免。這使我更加珍惜當下，並激勵我去追尋更有意義的生活。

這是一次關於生命本質的探尋。在這裡，你將學會欣賞每一次呼吸的珍貴，並在靈魂的深處找到那份永恆的寧靜。

第一篇

我是如何成為靈魂溝通師

從我最早的記憶開始，我就知道自己與眾不同。當其他孩子沉浸在他們簡單無憂的世界裡，我的眼睛卻揭開了另一個深邃、神祕的領域——既讓人驚異、又讓人畏懼的靈魂世界。

我天生擁有世俗所謂的陰陽眼，你可能會好奇，陰陽眼究竟是怎樣的存在？陰陽眼的眼睛是否真的可以穿透生死的界限，看見那些對於普通人來說看不到的靈魂？陰陽眼是否只是心理上的感知，還是真的擁有某種超自然的視覺能力？接下來我將揭開這些神祕面紗，解釋這種能力如何影響了我的感知和交流方式。

從幼年的困惑和恐懼，到成年的接受和探索，我的經歷是對於超自然的一次次冒險，更是對於生命、死亡和人類靈魂深層理解的探求。

窗台上的兩個人

四歲那年的某個夜晚，高燒讓我躺在床上，我的意識在現實與幻象間飄忽不定，我經歷了有記憶以來的第一次超自然接觸。在那迷離的狀態下，我看到了窗台上有兩個靈魂，他們以半透明的身姿凝視著我，眼中閃爍著超越我年齡所能理解的深邃。

那時的我沒有絲毫恐懼，反而覺得新奇。我興奮地跑去告訴媽媽，用我的童言童語試圖描繪我所見到的一切。小小的手指著窗外：「媽媽，妳看！窗台上有兩個人一直朝我這裡看，他們在講話，但是我不知道他們在講什麼？」

接著，我看見媽媽臉上那難以置信且充滿恐懼的表情，她還摸了摸我的額頭，看看我是不是發燒更嚴重了，畢竟小時候的我就常常高燒，她時常夜裡騎著車帶我去很遠的地方敲老醫師的門。

這讓我第一次感到困惑和不安。我心底突然明白，我看到的也許是別人看不見的。

從那一刻起，只要我再看到相關事物，比如靈魂、比如光，甚至更多，我都會試探性地問別人，只要我發現別人看不見，我就不說！

我學會了將這些神祕的「看見」深藏於心，不再向任何人提及。但隨著時間流逝，這些超自然現象在我的生活中變得越來越頻繁。

我小時候住在眷村，有時會看見老婆婆或老爺爺的模糊身影從眷村房舍的牆壁中穿越而過，彷彿他們生活在一個只有我能窺探到的平行世界。那時候我就知道靈魂會在空間裡移動，無視於我在看他們，他們穿牆而過，行動的方式就像是生前在走路、在生活，有時可以看到他們正做著某些動作，像是翻書，像是拿東西，雖然手上沒有出現物品，但是卻會有動作。

對那時的我來說，因為太幼小本不帶有恐懼，反而像是一個神祕的遊戲，我是唯一的參與者，與靈魂們分享著屬於我們的祕密。這些經歷雖然深藏不露，卻悄悄地塑造著我對世界的理解，為我後來的生命之旅鋪下了一條不尋常的道路。

隨著我漸漸長大，進入學齡期，我的世界觀開始受到新的影響。學校裡流傳著各種恐怖的鬼故事，電視劇中也常常描繪著關於鬼魂和超自然現象的恐怖情節。這些故事和影像逐漸在我的心中種下了恐懼的種子。

這種恐懼與我幼年時對超自然現象的純真好奇形成了鮮明對比。我開始質疑，我所經歷的那些超自然現象，是否也像故事中描繪的那樣充滿了恐怖和不祥？我對自己看見的世界越來越害怕。所以他們是鬼？他們其實是像電視上的可怕樣子？

這個害怕，讓我不敢獨自面對黑暗，不敢看鏡子中的自己，不敢面對夜晚的靜寂。那段日子我幾乎每晚都是背對著房間的牆壁，躲在被子裡入睡。

我內心只是單純地想著，如果我背對著牆壁，當我睡著後，就不會看見他們。牆壁成了我與這些不可思議之事隔絕的屏障，當我蜷縮在被子中，或許就能讓我遠離那些令人背脊發涼的景象。我的房間，如同我看見靈魂的實驗場，我嘗試著透過改變自己的睡姿，來抵禦著那些存在。

這些視覺經驗對我來說不全是可怕的，我也能感受到一些不尋常的事物，不限於靈魂。像是在樹叢中閃爍的光點，有時候那些不尋常的光點會圍繞著我的指尖，彷彿在跟我玩捉迷藏。那些偶爾出現的神祕光芒，及快速閃動的光影，成了我童年時的快樂遊戲。我記得自己常常興奮地跟著這些光點跑來跑去，完全沉浸在這個只屬於我自己的神奇世界裡。

用撲克牌為靈魂傳訊

在成長的過程中，我逐漸變得更加敏感於這些靈魂的存在。他們就像二維平面上的半透明影子，有時清晰，有時模糊。在那些不確定的日子裡，我學會了在他們的出現和消失之間找到我的平靜，像是在一支無形的舞蹈中尋找著自己的節奏。

有時當我不經意間凝視他們，我感到他們也在用同樣的方式感知著我。雖然我看不到他們的眼睛，但我能感覺到一種無形的視線與我對視，一種超越肉眼所能感知的深刻交流。雖然聽不見他們的聲音，但我能感受到他們在傳遞著某種訊息，這種訊息並不是那時我的年紀能夠理解的。

隨著時間一點一滴地過去，我發現這些靈魂在我的生活裡越來越常出現了。他們真的無處不在，不管是學校的角落，還是人來人往的大街上，甚至是車水馬龍的道路中，他們都在那兒。有時候，在那些輕輕搖曳的樹葉下，也能感覺到他們的存在。他們好像和我們生活在同一個世界，但又好像隱藏在另一個完全不同的空間裡。

此時我所見到的靈魂，並非都是完整的形態，而是以某種區塊性的方式存在，甚至是零散或不完全的。

然而，隨著我對他們的認知加深，我有時會因為接觸更多的鬼片和鬼故事，而增加了新的想法和恐懼。每當我不小心與他們的眼睛（如果他們有的話）對視時，我害怕他們會顯露出某種恐怖的表情。

這種恐懼讓我選擇低頭行走，避免直接與他們接觸，就像是在自己的世界裡躲避一個不可見的陰影。我沒有勇氣與他人分享這個祕密，因為我擔心他們會將我視為異類、甚至是異常的存在。

國中時，家裡親人過世。記得那天被帶到靈堂，那時候已經過了幾天，快要出殯了。四周的大人們都忙進忙出，不停地講話、忙碌著各種事。但我更感興趣的是和那位過世的親人待在一起。

我看他就站在那兒，靜靜地看著自己的棺材，看著自己躺在那裡的樣子。我好奇極了，想知道他在想些什麼。他對自己的棺材滿意嗎？他喜歡他穿的衣服嗎？他對自己躺在那裡的樣子有什麼感覺？

到了出殯的那一天，隨著儀式的進行，我坐在車上，看著他也跟在車旁。那些傳統的儀式聲音，吹吹打打的，那是當時的習俗。我耳朵裡除了那些聲音外，什麼也聽不見。原本還在車上的他，突然就不見了。我當時在想，會不會是因為那些聲音太吵了，所以選擇消失了呢？

後來我長大了點，又遇到了類似的事。記得那次是隔壁鄰居家辦喪事，過世的是一位我認識的奶奶。那時候辦喪禮會搭個棚子，有師父在念經，還有不停敲打的木魚聲。每到一個重要的環節，就會聽到敲鈴的聲音。

隨著叮叮叮敲鈴的聲音響起，就在那時，我看見那位過世的鄰居奶奶跑到我家來。我看著她，她也看著我。那是我那個年紀第一次真正聽到靈魂說話。

她跟我說：「好吵。」我感受到她的煩躁！

一開始還以為自己聽錯了，她又重複了一次：「太吵了。」

然後她就消失了。那一刻，我既驚奇又困惑，不知道該怎麼反應。

那時候我想著，我們這些活著的人辦的那些儀式，真的對那些靈魂有意義嗎？我們以為的尊重和告別，真的是他們想要的？或者，他們只是無奈地接受我們的安排？

我看著家人在擲筊、求神明指示，那一應一合的筊杯，看起來好像是在安慰我們家裡的人。家人們似乎通過這個過程找到心靈的安慰，但我總疑惑這一切真的是逝者想要的嗎？他們真的需要這些儀式，還是他們想要的是更簡單、更平靜的告別？這些問題在我心裡打轉，讓我對生與死、對傳統習俗有了更深的思考。

高中時我找到了一種新的方式來與我的能力和解。我開始喜歡與朋友玩一種看似簡單像是算命的撲克牌遊戲。透過這個遊戲，我可以探知朋友們的內心狀態，還能夠在不引起注意的情況下傳遞一些特別的訊息。

我發現自己可以利用這個遊戲作為媒介，將那些悄悄圍繞在我朋友身邊的親人靈魂想傳達的溫暖訊息傳遞給他們。這些訊息有時是關懷，有時是指引，有時甚至只是存在的確認。

約莫從十歲開始，對靈魂的恐懼逐漸轉化為一種理解和接受。我意識到，雖然我所見的靈魂從未顯現成電影或電視中那樣恐怖的形象，但他們仍然存在於我們的世界，以更加細膩和深刻的方式與我們相連。

這個階段的經歷讓我理解到，我與靈魂世界的感應並非僅是一場單方面的感知。相反，這是一種雙向的交流，不僅僅是我從靈魂那裡接收訊息，還能夠將這些

有陰陽眼的護理人員

選擇成為一名護士，對我來說，是一個奇妙且意想不到的轉折。

起初這個決定是受母親影響，她認為護理是一門專業。但那時的我只是想著，我可能會去一個充滿靈異現象的地方工作。我從來沒有預料到，這條路將會帶我走向科學與靈性的深入探索——我現在會想，也許這正是宇宙的安排。

當我在身心科實習時，一切開始改變了。在那裡我學到了護理的專業知識和技能，還對我「陰陽眼」的特殊能力有了新的認識和理解。我更認真地探索這個能力，試圖從科學和靈性的角度去理解它，並學習區分所謂「陰陽眼」與普通幻覺間的差異。

在身心科領域，幻覺被視為感知的偏差，通常與神經系統的功能異常或心理壓力有關。這些幻覺可能源自精神疾病（如精神分裂症或妄想症），或是極端的心理壓力和疲勞所引起。在這些情況下，患者可能會經歷視覺、聽覺，甚至是觸覺上的錯覺，這些錯覺與他們的真實環境無關，卻常常使他們難以分辨現實與虛構。

所謂「陰陽眼」，在身心科的研究中是一個較少探討的領域。這些經歷常在心智清晰、情緒穩定的狀態下發生，與特定情境或人物有深刻的聯繫。從身心科的角度來看，這可能與個體的心理狀態、文化背景和個人信仰密切相關，並可能涉及到深層的心理處理過程。

雖然現代醫學尚未能完全解釋「陰陽眼」的具體機制，但這些經歷通常不會被視為傳統意義上的幻覺。不同於幻覺會對日常功能和決策造成干擾，「陰陽眼」似乎更常與個人的內在經驗和情感狀態相關，且通常不會對個體的日常生活造成明顯影響。

我開始詳細記錄每一次我的「看見」，包括情境、時間、心理狀態，以及所見「影像」的特質。此外，我翻閱了心理學、神經科學和靈異現象的相關文獻，試圖從多角度解讀這些經歷。

我發現，「陰陽眼」通常發生在我心情平和、專注集中時。這些經驗與我的日常生活和工作緊密相連，常帶有某種情感訊息的傳達。

更重要的是，我注意到這些「看見」的經歷確實與特定的地點或人物有深刻聯繫，有時還能獲得外部的驗證。

這段實習經歷促進了我對「陰陽眼」的了解，也加深了我對內心世界的認識。

當我在實習時，我開始更深刻地理解身心科病患的幻覺體驗。病人經常會感覺身邊有人，或聽到有人在他們耳邊說話，這些聲音有時會指示他們做特定的事情，甚至是傷害自己。然而，從我的視角來看，這些所謂的聲音或存在並不是真實的靈魂或超自然現象。與電影中描繪的那種恐怖的、低語的惡鬼不同，這些幻覺往往是病人大腦錯綜複雜的產物，而不是真實存在的外在靈體。

這是一個重大的啟示，它讓我意識到，精神疾病所引起的幻覺和我的靈性經驗之間存在著本質上的差異。

此外，這也讓我更加認識到心理健康的重要性，及精神疾病對人們生活的影響。這個經驗使我更深刻地理解心理健康和靈性體驗之間的微妙關係，並更加重視科學與靈性間的平衡。

而這些都只是初步的認知。對於那時的我來說，還能帶著好奇心以輕鬆的態度去研究。畢竟只是看見和偶爾能接收到靈魂的對話，對我來說壓力不大。

當我成年後，對於自己的特殊能力的接受和利用，進入了一個全新的階段。成年的道路並非一帆風順。接受我與眾不同的體質，是一個充滿掙扎和痛苦的過程。我曾經試圖尋求普通生活的寧靜，但命運似乎總是把我引向更深層次的理解和責任。但我卻不知道這一切比起日後自己體質翻天覆地的變化，現在只是小菜一碟。

當我成為正式護理人員，踏入醫院的門檻，二十多歲的我對於生死的理解還很膚淺。那時我偶爾能隱約感覺到靈魂的存在，聽見他們細微的聲音，但我總是掠過，選擇忽視，將自己的感知埋藏在日常的繁忙和科學的理性之下。

然而，隨著時間的推移，每當夜色降臨，病房裡的氣氛變得安靜而沉重，我會感到一種難以言喻的能量流動。在這些靜謐的時刻，我開始敞開心扉，聆聽那些輕聲細語。雖然起初我困惑和不安，但我逐漸學會了與這些靈魂溝通。開始的想法是單向的。

我發現他們的聲音中，藏著悲傷、懷念，甚至是未了的心願。這讓我開始重新思考生死，以及我作為護理人員的角色。

這種特殊的能力並不是我所期望的，但它賦予我的職業生涯一個新的意義。在職業身分背後，我成為了那些徘徊靈魂的傾聽者，幫助他們釋放未竟的情感，讓他們能夠平靜地離開，我學會了如何在科學與超自然之間找到平衡。

其中，最具挑戰性的部分之一是直面死亡。作為一名護理人員，我經常遭遇生命的終結，見證從生到死的過渡。

我能夠感受到那些即將離開人世的靈魂的情感波動，這讓我能更加同理臨終病患的心理狀態，甚至在某種程度上，幫助他們平靜地走完人生最後一程。

隨著時間的流逝，我對於死亡的恐懼逐漸轉化為接受和理解。我意識到，死亡是生命不可分割的一部分，而我所擁有的能力，讓我能夠在這個過程中發揮獨特的作用。

夜間奇光與生命轉折

在三十歲那年，我經歷了家庭的巨大變故。家中長輩被診斷出癌症，需要住院治療，而我也必須照顧她。這對我來說是巨大的打擊。

更糟糕的是，我們的經濟狀況也急轉直下。我曾經以為日子會越來越好，生活品質會有所改善，那段時間我與家人搬到東部，經濟困境卻接踵而至，我們根本無法獲得所需的資金。日常生活變得艱難，每一天都充滿了壓力和不安。

此外，我還經歷了家人之間的關係拉扯，這些衝突和糾葛讓我心力交瘁。家人的關心變成了沉重的負擔，曾經的支持變成了無盡的爭吵和矛盾。這些經歷完全超出了我的預期，曾經信任的人變得不再可信，曾經相信的事情也不再堅定。我原本以為我們一家人會擁有健康的身體和充足的收入，但現實卻給了我沉重的打擊。健康問題和經濟壓力讓我感到無助和絕望。

原本以為生活會一直平順，但一瞬間變了調，每天都在困境中掙扎，尋找出路，心中的痛苦和壓力無以言表。

這一年我突然意識到，人們常常認為的穩定和安全，包括健康、人際關係，甚至財富和經濟狀況，都可能瞬間崩塌。面對這些突如其來的變故，我困惑不已，充滿了疑問：為什麼會是我？為什麼會發生這樣的事情？

我開始反思是否因為缺乏固定的宗教信仰而遭受這樣的命運？我甚至懷疑是不是因為我從未像別人一樣虔誠地向神明祈求過，所以我必須面對這些困境？

某個晚上，我在家裡對著老天發出了疑問和祈求。我告訴老天（我並不知道老天是誰，也從未真誠地向老天祈求過），在這種極端困難的情況下，我需要堅強地面對，因為我有家人依賴我，我必須保持穩定的狀態讓生活能繼續過下去！

在祈求之後，那晚我仍然焦慮、緊張和痛苦，進入夢鄉變得困難。但當我半夢半醒時我彷彿被一道明亮的光芒所籠罩，伴隨著巨大的轟聲。這種情景讓我驚醒，我以為附近出現了類似電線走火的事故，否則不會有這樣的聲響。雖然非常驚嚇，但我很快試著平復內心的情緒，嘗試重新入睡。

隔天，這個神祕經歷並未就此結束，同樣的狀態又出現，就這樣斷斷續續出現了將近一個禮拜，直到有一天晚上我終於能夠好好地睡覺了。大概這樣不再被光亮騷擾的情況持續了幾天，我以為這件事就過去了，然而，新的驚奇才正要開始。

有一天早上，當我從睡夢中醒來，我被一個不可思議的景象包圍著。這個世界變得不再平凡，充滿各種各樣的顏色和光線，彷彿無數細細的魚線在空氣中交織，有的光線粗大而強烈，有的柔細，然而最令我驚訝的不是光線本身，而是這些光線所連接的存在。

靈魂的存在比我以前所認識的更加明確。他們不是恐怖電影中的那種形象，而是以非常普通的人類形態出現。這些靈魂看起來就像活人一樣，穿著各式各樣的衣物，可能是裙子，也可能是褲子。他們的行為和外貌與我們一模一樣，沒

有長舌或腐爛的臉孔，也不會發出綠光。

當時的情景讓我不禁反覆揉著雙眼，希望一切只是我的精神狀態不穩，或者疲勞所致。我試圖用我的有限經驗和知識來尋找合理的解釋，我開始懷疑，是不是我的視力出現了問題，或者是否有其他身體健康問題正在發生。

於是，我走進眼科診所，希望能找到答案。醫生細心檢查了我的眼睛，然而他給我的答案卻是出奇地簡單。他告訴我，從醫學角度來看，我的眼睛一切正常。他說也許只是疲勞或壓力導致的暫時性不適，開了一些眼藥水的處方箋，然後目送我離開了診所。

當我突然開始感受到那些異於尋常的能量光線，我的心中充斥著混亂與不解。這些訊息的到來猶如潮水，這種能力改變了我與世界的連接方式。首先，我的母親知道了這一切。我試圖向她解釋，我已經不再是原來的那個我了。與母親的交談，不再是子女間的告白，而是一場如宣誓般的對話。

每次我試圖表達，她的眼神中彷彿隱藏著擔憂，也許她害怕這個世界不會接受這樣的我，或者是她看到了我內心的恐懼，心疼我所承受的痛苦。

出於不知所措和恐懼，我走進了大廟，試圖通過祈禱尋找答案。我平日很少參與宗教活動，甚至不清楚基本的儀式程序。內心只有一個渴望，那就是回到原來的自己。原本是尋找答案的祈求，但當我站在那裡，感受到古老的石頭與木材所散發出的能量，我突然覺得自己是那麼的渺小。

參拜後，並沒有得到期待的回應。當我離開廟宇，四周的宮廟建築映入眼簾，我心中湧起強烈的排斥感。這難道就是我未來的命運嗎？但就在這時，一道訊息猛烈地撞擊我的心靈。

「妳即將只能用自己摸索的方式走到四十歲之後，我們將審視妳，如果妳能通過試煉，四十歲後我們將安排有人來幫助妳，妳即將使用這個方式服務眾人，並讓自己能以此為工作。」

這個訊息充滿了決斷和權威，就像遠古的鐘聲，在我的生命中鳴響，預告著我的未來。

那道訊息，就像一把雙刃劍，給了我指引和希望，但同時也帶來了重重的試煉。要如何面對接下來的十年去尋找自己，去克服那些挑戰，去成為真正的我？那種感覺就像站在一片茫茫的沙漠中，只有一片遼闊，沒有方向。

這不只是一個簡單的指引，而是對我未來的一個預兆。這個訊息透露著強烈、堅定的能量，代表著巨大的挑戰，但同時也是保證。這趟旅程可能充滿著試煉，但也是我人生中的重要成長經驗。我真的不確定會遇見什麼，我懷疑著真的要這樣走下去嗎？

與「上面」的深度對話

我選擇稱他們為「上面」。我的每一天都充滿了與「上面」的神祕交流，好似走入了一個精心策畫、只為我一人訂製的課程。那是一種難以言喻的經歷。那熟悉的聲音會在我耳邊迴響，說的都是些令人驚奇的事，就像是我自己的祕密頻道，連接一個未知的宇宙。課程帶有深沉哲學意味，還有科學根基。

每一次的交流總伴隨著令人震撼的啟示。「上面」會以細膩的手法、圖像和故事來教我。有時我會看見過去生活中的我，有時則是跨越時間和空間的遠古場景。這些畫面鮮活且充滿色彩，好像是用最先進的技術拍攝的高清電影。

「上面」非常了解我，知道我對事物的懷疑和好奇，因此他們不厭其煩地提供了種種證據，讓我體驗到這一切的真實性。曾經我認為只有事物的表面才是真實，但他們讓我明白，真實的界限遠遠超出人們的想像。那些古老傳說中的神明，或許並非只是神話，而是生活在另一個維度。

在這不尋常的旅程上，我最初並未全然接受「上面」傳遞的訊息，甚至抗拒！而且時常抗拒。

我們或許都被賦予了某種天命或天賦，但這並不意味著我們必須盲目追隨這條路，否則便會遭遇災難。實際上，即便我們全心投入所謂的「天命」，生命中不可避免的苦難，如生老病死，依然會如影隨形，我們所遇到的挑戰和不幸也不會因此有所減少。

正是通過這些經歷，我開始從不同的角度觀察這個世界，並深刻意識到自己的不足、渺小。然而，這些深刻的領悟並非僅限於追求天命時才會出現。雖然我寫下了這本書，彷彿已經走過了漫長的道路，但我想告訴大家的是，我們每個人都有自己的選擇。最終，我選擇成為靈媒，這同樣是我的個人選擇。

對於那些即將踏上或是突然撞進通靈之路的朋友，我想給予一個溫馨的提醒：

這條路並不總是光明和平坦的。它可能帶來深層的反思，意想不到的挑戰，甚至可能伴隨著孤獨和誤解。在決定踏上這條路之前，請深思熟慮，並且牢記，追尋內心的寧靜和真正理解自己才是最為重要的。切勿因迎合外界期望或模糊的「使命感」而迷失自我。

每個人的旅程都是獨特的，找到適合自己的道路，才是最關鍵的事情。

這些超乎想像的畫面和訊息持續出現時，我被各種疑慮所困擾。我不斷自問：這一切難道真有其事？這是我的幻覺，還是某個神祕維度的現實？

時間的流逝似乎為我帶來了答案。「上面」不斷提供證據將我的疑惑轉化為好奇，而好奇最終演變為接納，甚至到最後臣服。這是一段充滿自我發現與內心掙扎的歷程。每當我迷茫或懷疑，「上面」總有方法加強他們的訊息，無論是通過更為鮮明的視覺展現，還是更深層的啟示。

我開始意識到，這些經歷正在引領我拓寬對現實的認知。它們挑戰了我對物質世界與精神世界界限的傳統認知，促使我探索那些遠超過自己理解範疇的領域。固執的我學會了保持開放心態，同時也學會了如何判別這些超自然經驗的真實性。

最終，與「上面」的溝通成為我日常生活的一部分，對我的世界觀造成了深刻的影響。我慢慢學會了尊重並接受，同時也保持對未知的敬畏與好奇。

然而，作為護士的生活，遠比接收這些訊息來得簡單。外在形象的考量加劇了我的困惑。在求證的過程中，即使得到了確認，內心也未必感到愉悅。因為這並非常人所經歷的事，即使未能證實，那種擔憂自己可能發生某些異常狀況的焦慮，總是如影隨形。

讓我驚訝的是，指導我的並不只是一個「上面」。他們似乎是一個強大的團隊，每個成員都有自己的專長和知識。我雖然身處地球，但這場學習之旅，已將我帶到了另一個層次，讓我重新認識這個宇宙和我自己。

在這個講求邏輯和證據的世界裡，我們總是被教導要懷疑那些無根無據的訊息。畢竟對我們來說，一切看不見、摸不著的事物，都太虛無飄渺。但我的經歷告訴我，有些事情遠超出我們理性的範疇。

數十年的通靈經驗，像是一場不斷挑戰和被挑戰的博弈。我是一個固執的靈媒，總是喜歡質疑那些來自另一個世界的訊息。每當我以為自己抓住了真理的尾巴，最終卻發現自己正站在無知的深淵邊緣。

我在此分享我的故事，不是為了說服你相信通靈或超自然現象，而是為了展示一個事實：在我們肉眼可見的世界之外，還有太多未知和奧祕等待我們去探索。

與靈魂世界的互動初體驗

當我首次體驗到自己有能力與逝者靈魂互動時，我的心靈受到極大的震撼，就好像我打開一扇前所未見、通往另一個維度的門。這段獨特的體驗，與我們日常所知覺的生理現象截然不同。

從那一刻到現在，我已在這個領域中摸索了快二十年。雖然過程中我試圖了解多種溝通方式，且有過自己的掙扎和困惑，但一開始時，我是真心希望自己沒有這種能力。

我仍然記得那個特別的下午，陽光透過窗戶灑在我們對坐的小桌上。我正與一位新認識不久的友人交談，話題輕鬆愉快。突然間，我視線的邊緣出現了一個模糊的身影，隨著我將注意力集中在那上面，那影像逐漸變得清晰。那是一位穿著樸素的中年男士，臉上帶著慈祥的微笑。他就站在我朋友的身後，眼神充滿了關愛。

我從未見過他的父親，甚至沒有從朋友那裡聽說過他父親的任何細節。然而，我內心卻有種奇怪的確定感，某種深層的直覺告訴我，那正是他的父親。彷彿是深植於我內心的知識，自然而然，不需任何證據。

面對這突如其來的超自然現象，這種知曉超越了常識，我在心裡掙扎著，是否應該向朋友透露一切。

我充滿恐懼地告訴他我的所見：「有一個靈魂站在你身後，那是你的父親。」他平靜的眼神與我焦慮的模樣形成鮮明對比。

我努力描述了他父親想要的食物，對於不擅長廚藝的我連魚的樣子都不認得，好在魚的形狀很特別，做法也很特別！我為了讓他認出而畫了魚的形狀。他輕鬆地告訴我，那是鯧魚，且這樣的食譜是他父親生前最愛的。他的鎮定和理解使我感到安慰。也因為如此，我說出了連自己都不懂的事情，這一次對我來說是靈魂溝通很大的依據。

他完全信賴我所說的每一句話，這種信任甚至超越了我對自己的信心。第一次出征，能收到他人的肯定，每當想起那天下午的情景，我總是無比感激。

回想當時初入靈魂溝通的領域，我非常強調實際的證據。那是一段我不信任自己，不確定自己所接收的訊息是何種來源的日子。為了確保自己不是在自欺欺人，我必須說出那些只有目標對象或其親屬才知道的事。每當我能夠提及這些具體且私密的訊息，我對自己的特異功能便更有信心。

畢竟，當初我對這領域的接觸是充滿懼怕和不確定性的。因為我不明白自己為何具有這種能力，我還害怕自己可能只是在捏造或想像一切。所以，透過講述那些只有特定人知道的事實，可以確定我所感知到的不只是自己的幻覺或主觀想像。

隨著時間的推移，我學會了如何確認和篩選來自靈界的訊息，也開始相信即使不依賴外部證據，我內在的直覺和感知也是有價值的。但在早期這些具體的證據確實為我提供了必要的支撐，幫助我穩定自己在這片未知領域中的步伐，建立自信。

接著，是我第一次接的陌生溝通。在此之前，我嘗試的都是認識的人，但這次是透過認識的人拜託介紹，我遇見了她。當然之後她成了我最好的朋友，在這一路上給了我最多支持的人之一。

我們的第一次見面，她從遙遠的地方來，經過長途跋涉，只為了尋找一絲心靈上的安慰，她的悲傷深不見底，目光帶著對未知的渴望。

她的問題直截了當：「妳會誠實地告訴我，妳所看見的一切嗎？」我說：「會的。」我知道，對她來說，這次溝通意義重大，是尋求心靈平靜的最後一線希望。

隨著溝通開始，我感受到那深切的悲傷來自於一旁的靈魂，那是她已故丈夫的靈魂。他的存在感讓整個空間都瀰漫著安詳與愛意。我閉上眼睛，讓自己的心靈與他的靈魂進行連接。

他的靈魂首先表達深刻而迫切的道歉。據他所說這個道歉已經欠她十幾年了。他的聲音充滿了後悔和悲傷，彷彿他的靈魂一直被這未能及時表達的歉意所困擾。他對她說：「對不起，我沒有更好地照顧妳，說好了要一輩子一起。」

當我轉達這個訊息時，她的眼中閃過一絲疼痛，但也帶著一絲解脫。這個道歉似乎是她多年來一直期待的話語，是她心中無法癒合傷口的藥膏。

在那個特別的午後，他的靈魂又傳達了更多對她的愛和關懷、思念和祝福，並說出了許多他們曾經的回憶。

這次靈魂溝通讓我深刻體會到，每個人的心靈都有著深層的感受和需求，有時候一個簡單的道歉，就足以釋放多年的心結和痛苦。

這也讓我更加堅定在這條路上的使命，那就是用我的天賦來幫助人們釋懷，找到心靈的平靜。在那個特別的午後，我看到了一個靈魂的救贖，也見證了一個受傷心靈的治癒。

靈魂訊息解讀：困難的辨識與轉譯

在天空中出現奇異光輝那夜之後，我的生命和靈魂經歷了深刻的轉變。這個經歷雖然神祕，卻是我探索靈魂世界的一個關鍵點。從那刻起，我的感知和理解方式變得完全不同。

但在這本書中，我將著重於靈魂溝通的故事和遇見。我會與你分享我所見證的奇妙現象，及那些與我心靈深處對話的不可思議經歷。當然我的遇見不僅是關於靈魂溝通的通靈，更是關於如何與更高維度的存在，如精靈和靈界指導者建立聯繫；還有對地氣能量和個人能量的深入探索。但在這本書裡，我想專注於靈魂溝通的本質，這是一種超越普通認知和物理界限的深刻交流。

與逝去之人的靈魂溝通，是一個充滿挑戰與學習的過程，需要不斷實驗的技巧，更要深刻的內在修練。首先得學會分辨什麼是自己的想法、什麼是過世靈魂的訊息，至關重要。

在踏上這條靈魂溝通之路的初期，我面臨了巨大的挑戰：如何在個人的想法和情緒與真正來自靈魂世界的訊息之間劃清界限。我意識到我的恐懼、期待，甚至是最微妙的個人偏見，都可能扭曲那些純粹的訊息。這是對我的專業能力的考驗，更是對我內心世界必要的深刻探索。

我開始學習如何在繁忙紛擾的世界中尋找一片寧靜。在這些靜謐時刻，我學會如何清理自己的內心，將那些個人雜念和情緒一一放下，努力達到心靈的平和與中立。唯有如此，才能真正聽見來自靈魂世界的聲音。

起初，這些訊息常常模糊不清，就像是遠處飄來的輕煙，隱隱約約，讓人捉摸不透。但隨著我放下主觀想法後，我開始能夠感受到這些訊息的細微差別，像是學會了一種新的語言——靈魂的語言。

這種能力的提升，需要無數次的嘗試，無數次的失敗，甚至是無數次的自我懷疑。每當我覺得自己已經掌握了某種技巧，總會有新的挑戰出現，讓我重新審視自己的理解。但正是這些挑戰讓我逐步成長，成為一個更加成熟、敏感的靈媒。

其次，我發現與家屬的溝通同樣重要。在與家屬的交流中，我發現他們往往會帶著未解的疑問、深藏的感情，甚至是執著於未完成的事情。我的工作除了傳達靈魂的訊息，還包括幫助家屬處理這些情感包袱。有時可能會幫他們找到一種釋懷，或至少是一種理解和接受逝者離開的方式。

家屬的期望和情緒可能會影響我的判斷。因此，我學會在與家屬溝通時，保持一定的情感距離，這樣可以幫助我更客觀地接收和傳達訊息。這同時也是一種保護機制，以確保我不會被他們的情緒所影響。

接著，我開始專注於提高我的直覺和感知能力。除了要增強我的直覺，還要學習如何辨識不同種類的能量。每個靈魂的能量都是獨特的，我通過經驗學會了如何辨識這些細微的差別。這需要時間和耐心，但隨著練習，我變得越來越熟練。

此外，我也發現記錄和反思每次溝通的過程非常有幫助。我會在每次溝通後記錄下來我接收到的訊息，及我個人的感受和想法。這有助於我在之後的反思中分析哪些是真正來自靈魂的訊息，哪些可能是我自己或家屬的想法。

我還學習如何處理不確定性和模糊性。與過世靈魂的溝通並不總是清晰和直接，有時訊息可能是隱晦或難以解讀的。在這些情況下，我學會保持開放的心態，並尋求進一步的內在指引來解釋這些訊息。

這過程往往是雙向的。一方面，我向家屬傳達靈魂的訊息，幫助他們理解逝者的感受和訊息；另一方面，我也聆聽家屬的感受和想法，有時甚至將這些反饋傳達給靈魂。這種雙向溝通有助於創造一個治癒的環境，其中逝者和家屬都可以找到和解與平靜。

有時家屬的悲痛和憤怒非常強烈，但我需要保持冷靜和同情，同時也要保護自己不被這些強烈情緒所淹沒。

溝通後就會產生兩個可能的結果：要麼是溝通失敗，讓我質疑自己的心智健康；要麼是溝通成功，但這並不會給我帶來太多喜悅，因為這意味著我處於非常規的狀態。雖然溝通成功我也不會太高興，但這仍然比溝通失敗要好。

與靈魂溝通並不像與活人溝通那般明確，也不是僅僅依賴言語的交換。這更像是進入一個充滿了綜合訊息的場域，其中的訊息深度、層次和複雜度都遠超過我的想像。

當我接收到靈魂的訊息，往往是以一個意識的封包形式，裡面包含了該靈魂的情感、記憶、過去的印象和對某些事件的感受。這些訊息並不是線性的，也不像語言那樣有特定的結構和邏輯，更像一個交織在一起的網絡，既有視覺、聽覺，又有複雜的情緒。

尤其困難的是，這些訊息往往是多重的。例如，當我嘗試解讀一位已故靈魂過世前的狀態時，我可能會感受到他的恐懼、不安、悲傷、回憶、希望等各種情感和感受，這些都交織在一起，彷彿一團亂麻。那位靈魂可能在過世前的時刻感到極度困惑，可能他自己都不確定自己是處於夢境還是現實。

在這種情境下，我必須要有極大的耐心和冷靜，且得在很短的時間處理這些。我需要學會如何從這繁多的意識中提取出真正重要的訊息，並正確地傳達給別人。這就像是一名翻譯員，除了要理解原文的意思，還要能夠精確地用另一種語言表達出來。這同時也需要極高的集中度和專注力，以確保我不會被這繁多的訊息淹沒。

靈魂的訊息往往具有象徵性。比如，一個特定的畫面、聲音或情感可能代表著該靈魂生前的某一重要時刻的經歷。為了真正理解這些訊息，我需要不斷地深化自己的內在感知，並與靈魂進行深入的對話和交流，也需要家屬三方合作，那些片段的畫面才能對得起來。

靈魂的文化背景和生活經歷確實對於其溝通的方式和內容有著深遠的影響。一個生活在日本的靈魂可能會帶有濃厚的日本文化背景，他的飲食習慣、價值觀，甚至是語言文法和思考方式都是建立在日本文化的基礎上。而一個生活在埃及的靈魂則可能帶有埃及的信仰和習慣。當這些靈魂與我交流時，如果我對於他們的文化背景一無所知，那麼可能會無法正確解讀他們的訊息，甚至會誤解或扭曲他們的意思。

此外，每個靈魂的個性和經歷也都是獨一無二的。有些靈魂在活著時是個非常細心、注重細節的人，他們的訊息可能因此會非常具體和詳細。而有些靈魂則是比較隨和、不太在意細節的人，他們的訊息可能會比較模糊、不太具體。這樣的差異使得每次的交流都成為全新的挑戰。

有過這些經歷，我學會如何與靈魂世界建立更加直接和純粹的連接。我開始能夠更清晰地感受到那些靈魂的情感，他們的憂愁、喜悅，甚至是他們未竟的心願。每一次溝通，都不再僅僅是一種單向的傳達，而是一種深刻的心靈對話。

第二篇

靈魂的狀態與生活方式

你有沒有想過，當一個人離開這個世界時，他們的靈魂會去哪裡？在我的眼中這個過程就像是一場壯麗的旅行。靈魂輕輕地從身體中升起，慢慢地進入另一個維度，那是一個我們用肉眼看不見的世界。

在這一篇，我將分享我所見到的神祕過程，讓你感受那種超越生死的奇妙。

再來，我會帶大家深入了解靈魂在另一個世界的生活。許多人好奇，離開了肉體的靈魂還需要吃飯睡覺嗎？靈魂的世界和我們的世界完全不同，他們不需要食物來維持生命，也不需要床來休息。他們的存在是一種我們難以想像的純粹能量。他們不像我們受限於時間和空間，他們可以瞬間到達任何地方，只要他們想去。

透過分享這些觀察，希望能夠激發你對生命更深的思考。我們每個人都將踏上這條路，了解它，不再害怕它，這是我想通過我的文字傳達給大家的。

往生的瞬間

在我作為一名護理人員的職業生涯中，我見證了許多生命結束的瞬間。每一次當我站在病房裡，目睹生命走到盡頭，那震撼和感慨總是深刻而難以言表。

在往生的瞬間，我觀察到靈魂的轉變過程並不像某些書籍或傳說中所描述的那樣，從特定的身體部位離開。而是僅僅一瞬間出現在身體旁。

靈魂離開身體後，會在自己的身體旁逗留不定的時間，有的可能只是短短幾分鐘，有的可能更長。在過程中我並未見到任何所謂的接引者，也沒有在病人臨終前看見傳說中的黑白無常。

對於即將離開的靈魂而言，在生命的最後階段，是一個深刻且重要的過程，但對我們來說可能只是短暫的三到五分鐘。透過我與逝者靈魂的溝通，我發現在這段時間裡，他們似乎在快速地翻閱自己生命的相冊，從遺憾和悲傷到未竟的夢想，再到那些點點滴滴的歡樂時光。

不像許多人想像的那樣，這些即將離開的靈魂並不是在忙著想自己需要交代遺言或說一些重要的訊息給家人。相反，他們多半震驚於自己要離開了，震驚於能看見自己的身體靜靜地躺在那裡。他們好似處於恍惚狀態，無法立刻清晰地理解家人想要傳達的話，也沒有機會去細想自己還想說的話。

所以，當家人在這個時候與他們說話時，重複和簡單的話語變得極其重要。因為靈魂處於一種似懂非懂的狀態，可能無法馬上聽進家人們說的話。就像是你突然遭遇一件前所未有的事，你的腦海中充滿了震驚和不解，那時候你也難以進行清晰的思考。

有時當人們即將離開這個世界時，他們似乎能夠感知到已故親人來臨。在他們還清醒可以交流時，病人會表達有看見這些親人，或許是祖父母、父母、甚至是過世的深愛之人，會在病床前顯現。

這些人其實很清楚那些親友已經過世，但是他們告訴我看見那些親友時，有種知道自己即將離世的語氣，彷彿有了心理準備，有的是透過半夢半醒的看見，或是夢中的感知。

當面對生命的終結，我們所能做的往往只是陪伴。當面對那些在生命最後階段看見過世親人的病患，作為旁觀者最深刻的角色就是成為一個傾聽者。然而我對生命的理解遠超過科學所能解釋的範疇，我深信生命的終點除了是恐懼的終結，更是通往更深層次存在的起點。

儘管我見證了這些時刻，我卻從未觀察到有人在過世後與這些來訪的親人靈魂手牽手一同步入另一個世界。這種情景，經常被電影和文學作品浪漫化地描繪，似乎與我所觀察到的現實有顯著的差異。或許死亡的那一刻及之後的旅程，是更加個人化的，而非我們看到電影裡演的那樣。

在醫院的走廊裡，我見證了無數家庭在生死交界時尋找慰藉和希望。有些家屬希望能等到陽光再次升起時才讓親人離開，彷彿那樣能給予他們一絲溫暖和力量。我也看到了他們從各個廟宇帶來的祈福食物和水，每一口喝下的水蘊藏了對神明的虔誠祈求，還有對生命的尊重和對親人的不捨。

在這些時刻我所感受到的並非神明的力量是否真實有效，而是家屬深深的愛。他們通過這些行為傳遞著對親人的深情厚意，也許這正是給予病人最後一哩路中最強大的支持。

當靈魂準備離開肉體時，我觀察到他們的能量形態發生變化。這些能量不再局限於肉體的形態，而是變得更加流動和光亮。有時，這些能量呈現為柔和的光芒，周圍環繞著平靜和安詳的氛圍。在靈魂離開身體的那一刻，我感受到超越言語的情感傳達，他們似乎在與這個世界告別，同時也在迎接新的旅程。

通常，這些光芒會從明亮、生動，轉變為暗淡、飄渺。這些光芒似乎代表著生命能量的消散，一種由內向外逐漸衰退的過程。當光芒開始從核心區域崩塌時，就像是生命之樹的根基開始動搖，預示生命即將走到盡頭。

有時，我會注意到病人在臨終前似乎有一種預知自己即將離世的感覺。他們的眼神、表情和身體語言，都透露出一種接受和平靜的氛圍。這種狀態不是恐懼，也不是絕望，而是對生命旅程即將結束的自我感受，但是這段時間不讓病人自己孤單面對死亡，是我們該注意和妥善照顧他們心境的重要時刻。

生命離開的過程不帶有戲劇化的色彩，而是平靜和自然的轉變。

觀察快過世的人的頻率能量，會看見其靈魂光的能量從核心開始塌陷。我在想，這是否是靈魂在做轉換，調整自己成為一個能接觸其他空間的過渡狀態？這種能量的塌陷與顏色的變化，對我來說象徵著靈魂的釋放，從肉體的束縛中解脫出來，準備進入一個新的存在形態。

進入光之後

根據多年來的經驗，我發現大部分的人在臨終後靈魂會經歷一個特別的階段，我們可以稱之為「生命回顧」。在這個階段，靈魂會回想起他們生命中最深刻的情感，無論是悲傷、遺憾，還是快樂和感動的時刻。每個人的體驗都是獨一無二的，一旦這個回顧過程完成，靈魂就會進入光的狀態。

在走向光之前，似乎有一條特殊的路要走。多年來的研究讓我對這件事感覺安心，以前我總擔心是否真的有所謂的六道輪迴？擔心自己走了錯的路，以至於轉世到下一世的狀態是因為自己的輕忽而來到錯的地方。但根據我的溝通經驗，發現這條路只有一條，不需要擔心迷路。

——我發現不是所有的靈魂都會經歷所謂的回溯過程，即坊間常說的「走馬燈」，——

也就是審視自己一生的行為、遺憾或喜悅。

事實上到目前為止，我還沒有遇到任何一個靈魂提到過類似審判的經歷。這讓我開始思考文化背景對於理解死亡的影響有多深遠。

過去與來自不同國家的靈魂進行溝通時，有注意到他們對於死後世界的描述有著明顯的差異。這種差異似乎意謂著人們對死亡的認識和期待，是由我們從小接受的教育和文化環境塑造的。然而，當靈魂離開肉體，進入另一種存在狀態時，他們所「看見」的，往往與我們在地球上的文化認知有很大的不同。

這種觀察非常有意義，因為這挑戰了我們對於死後世界的既有想法，也提醒著對於不同文化背景下的死亡觀念保持開放和好奇。通過與靈魂的對話，我得以窺見一個更加多元和廣闊的視野，了解到死亡經驗的多樣性遠超過我們的想像，這也促使我繼續探索和收集更多關於這一主題的溝通經驗。

當靈魂進入光的那一刻，許多靈魂描述他們在行走這段路時，並沒有感覺到自己真的在行走，他們沒有感受到肉身的重量，也沒有意識到手腳的擺動，就像是在漂浮，但同時又能夠清晰地感受到這段路程的視角——就是他們眼中所見的景象。

這條通往光的路並不漫長，也不存在大家常說的不能回頭的規則。沒有任何提示或限制告訴他們是否可以回頭，但視角自然而然地引導他們向前看，而不是左右考量。

靈魂的「看見」，取決於他們自己的意識狀態。這意味著每個靈魂在這條旅途上的經歷可能都不同，而這種差異有時與他們生前的信仰相關，有時候卻似乎完全無關。

有些人生前可能沒有任何宗教信仰，但在臨終時他們卻描述有一種「神光」引導。有些人擁有深厚的信仰背景，但他們見到的卻可能是與其信仰不同的存有。

大多數人描述他們感受到了被光包圍的平靜和舒適。這種感覺似乎是普遍存在

的，不過具體的細節和感受強度，在我收集的數據中呈現出各種比例和差異。也許在我們這條靈魂之旅的最終階段，有一種普遍的、連接我們所有人的「光」。而我們對這個「光」的感知和解釋，可能就是我們意識狀態的反映。

有一點很關鍵，那就是離開這個世界的方式，會影響靈魂在另一個層面停留的時間，以及是否需要一段過渡時間。這些見解來自於我對瀕死經驗者的談話，及與靈魂交流時得到的啟示。

當人自然離世時，他們幾乎是直接穿越到光的另一邊，沒有任何阻礙。但如果是透過自殺或不幸意外離世，靈魂在進入那片光明之前，似乎需要一段時間來修復和調整，這是一個重要的過渡期，讓靈魂準備好進入下一階段。

進入光到底發生了什麼？我很想了解，在靈魂溝通時我常常像是一個觀察者和研究者，每一次靈魂在表達進入光裡的遇見，有的靈魂能記得很豐富清楚，有的僅能記得一點點。

進入光的過程對許多靈魂來說，是一個短暫但非凡的旅程。有些靈魂告訴我，他們在這個過程中遇到了過世的親人，就像是家庭團聚，這讓他們感到無比的安慰和幸福。而這個光的空間，對他們來說就像另一個家，有房子、庭院，生活的場景與現實世界驚人地相似。

有些靈魂分享了他們感知到神明的存在。一位靈魂告訴我，在那個光的空間，他感到被神聖的光所包圍，並深刻地感受到自己過去累世的修行，甚至他在世的女兒也在這個過程中與他一起修行。這樣的經歷，讓他們內心充滿了篤定。

一位母親的靈魂與我分享了她進入光的經歷，這個過程與她生前的虔誠信仰緊密相連。她告訴我在進入光時，她感受到深深的平和與喜悅，這與她生前在修行佛法時的感受非常相似。她說在那個瞬間，她感到自己被慈悲的佛光所包圍，並見到了許多她生前敬仰的佛和菩薩。

這位女士的經歷讓我再次意識到，我們的信仰和生前的經歷，可能也影響著我們進入光的那一刻的感受。她的故事展示了個人信仰的力量，也顯示了靈魂世界的多樣和豐富。她的靈魂透過這次經歷，找到了超越生死的寧靜和解脫。

光的世界不是一個固定不變的場所，而是一種充滿可能性和多樣性的狀態。根據靈魂生前的性格、經歷和興趣，他們在這個光的空間中的體驗也會有所不同。

對於那些生前就非常注重細節、喜歡研究和探索的靈魂來說，他們進入光時，對周遭環境的觀察和感受會更加敏銳和深入。這類靈魂可能會發現光的世界裡有更多層次和細節等待他們去探索和理解，這與一般靈魂的體驗可能會有所不同。

光的空間為靈魂提供了一個無限的平台，讓他們根據自己的意識和經歷去塑造和感受。這裡沒有固定的模式或限制，每個靈魂都可以在這個狀態中找到屬於自己的道路和理解。

當我深入研究靈魂的思考狀態時，我主要依賴於靈魂溝通及日常的觀察和提問來收集資料。這些資料顯示，靈魂的思考狀態主要是由人生前的狀態、情感和回憶感受構成的，而不僅僅是具體細節的記憶。這一發現引發了我對於靈魂的思考狀態所蘊含更深層科學原理的好奇。

從心理學和神經科學的角度來看，我們知道人的記憶和情感是大腦不同區域協同工作的結果。情感記憶，特別是那些與強烈情感相連的記憶，會在大腦中留下更深刻的痕跡。這類記憶往往與個人的身分認同和生活經歷緊密相連，對一個人的意識形態影響深遠。但我並非是專業的專家，只是能夠往這個方向去思考。

因為現在「意識體」還是有很多的爭議，我只能把我看見的、我的經驗和狀態寫進這本書裡，也許可以成為你可參考的概念。

我發現在過世大約四十八小時後，與靈魂的溝通會變得困難。多年來的經驗告

訴我，這似乎是一個共通的模式。我試過向更高的層次尋求答案，而得到的解釋是，這段時間內的靈魂會進入另一個狀態或空間，進行某種轉變或過渡。通常時間會在過世後四十八小時到七天左右，這段時間常常會斷聯，就是我收不到訊息、也無法召喚靈魂。

在與靈魂的溝通中，我收到靈魂對於光的回饋多半是正面的，或許人離世後靈魂並非進入我們傳統認知需要某種形式的「過路費」或休息時期，而是更直接地進入光的狀態，之後便進入了一個新的空間。

根據靈魂的回饋，這個空間似乎是一個讓他們有機會去理解自己此生目的或任務的地方。有些靈魂表示，他們得以了解自己此世的任務，並準備迎接下一階段。但值得注意的是，他們並未明確表示「投胎」這一過程，而是暗示著一種轉變或新的開始。

接受新狀態

在人剛離開這個世界的頭四十八小時，我通常能夠與他們的靈魂建立起溝通。這段時間內，我觀察到的一個共同點是，許多靈魂都處於一種驚訝和混亂的狀態，好像還沒完全弄清楚自己究竟發生了什麼。特別是那些突然間因為意外或在睡夢中離世的人，以及那些在病程進展到最後階段而昏迷的病人，他們在剛過世後的四十八小時內，很難完全意識到自己已經死亡。對於年幼的孩子來說，這種認知的模糊尤為明顯。

在這個初期階段，對於靈魂的期待需要非常謹慎。他們剛剛經歷了生命中最根本的變化，需要適應這個全新的狀態。

當試圖與他們溝通時，我們不能期望他們立刻就能理解自己的新境遇，更不要說是對他們提出任何要求。這段時間對他們來說，主要是在感受和逐步認識自己的新狀態，而我們的角色則提供支持和安慰，幫助他們在過渡期中找到一些平靜。

靈魂狀態很多時候是受意念影響，意念幾乎是所有靈魂如何生活、適應世界的最主要方式。過世的四十八小時之內還記得的多是對於死亡的恐懼，而這部分還要取決於面對死亡過程所花的時間，如果死亡是非常瞬間的，人在還沒意識到發生什麼事情就死亡了，恐懼點最低。

當人們在過世前受到醫療急救等措施時，他們可能對這些經歷有一定的記憶。但是，這種記憶中的感受，如疼痛或不適，通常已經變得非常微弱。我發現生前經歷的恐懼愈大，這些感受在靈魂溝通時就愈可能靈魂被提及。

這種恐懼和害怕，很多時候是家屬特別關心的，這來自於他們對逝者的愛和心疼。然而，從我多年的靈魂溝通經驗中發現，那些突然離世的人，他們所承受的苦痛往往較小，對死亡的恐懼也較低，但卻可能對自己的狀態需要更多的適應。突然之間沒有了肉體的束縛，反而是靈魂進入了全新的存在狀態，這個過渡期帶來了巨大的困惑。

這告訴我們，死亡的過程和經歷對於每個人來說是獨特的，且受到多種因素的影響。對家屬而言，理解這一點有助於他們處理失去親人的悲痛，並可能帶來一定程度的安慰。

當我進行靈魂溝通時，經常遇到那些突然離世的靈魂。他們對於過世那一刻的記憶往往模糊不清，有時候能隱約回想起幾個畫面，但很快就進入了一片黑暗，無法感受到任何疼痛或情感。這種黑暗，或者說是「黑屏」，標誌著他們進入了一個回顧自己生命的過程。

即使身體在過世時可能受到了嚴重的損傷，但透過靈魂溝通見到的他們，總是以完整無缺的形態出現。這種完整性不只是身體的完整，更是靈魂意識的完整性，顯示出靈魂的自我認識和存在方式與其身體狀態無關。

在剛開始靈魂溝通時，家屬總認為在靈堂溝通較為放心，初期我常有站在靈堂裡的機會，這時的我彷彿踏在陰陽兩界的交界處。在這裡，時間和空間的界限模糊不清，我同時與這兩個世界進行溝通。周圍瀰漫著家屬的哀傷和靈魂的迷茫，這是一種複雜的情感氛圍，只有身處其中的人才能真正體會。

記得有一次，一位剛剛離開肉體的靈魂通過我對家屬發問，而家屬也急切地想要知道他是否還有未了的心願，或是有什麼想對他們說的。然而，這位靈魂對我提出的問題卻是：「我怎麼了？我真的過世了嗎？現在發生了什麼事？」

在這樣的情境下，我需要在家屬的悲傷和靈魂的迷茫之間建立一座溝通的橋樑。每個詞語的選擇，每一句話的表達，都需要格外謹慎和細膩，以確保能夠準確傳遞每一方的情感和訊息。

有時候，靈堂裡的氛圍會變得異常沉重，家屬的哭泣聲、祈禱聲和輕聲細語交織在一起，形成一種難以言喻的情感負擔。而在這樣的環境中，我必須保持冷靜和專注，確保能夠有效地進行溝通，幫助靈魂釋放他們的困惑，幫助家屬得到慰藉。

當我開始從事靈魂溝通師的工作時，我經常會問自己：我真的準備好走這條路了嗎？在這個世界上，有無數種可能和選擇，我為什麼選擇這條充滿未知和挑戰的路徑？

每當深夜來臨，我獨自面對著來自另一個世界的聲音和訊息，我會開始質疑這一切的真實性。我是否只是被一時的好奇心和探險欲所驅動，而選擇了這條路？

每當我目睹家屬們悲傷的面容，聽到他們對逝去親人的思念和不捨，我感到沉重的責任。我開始質疑自己的能力，我真的適合做他們和逝去親人之間的溝通橋樑嗎？我所做的一切，真的能為他們帶來慰藉和安慰嗎？

這種內心的掙扎和自我質疑，成為我日常的一部分。但每當我幾乎要放棄時，我又會想到那些通過我的幫助，獲得一絲安慰的家屬。他們的感謝和眼中的光亮，給了我繼續前行的動力。也許，這條路並非只有我能走，但正是這種不確

被稀釋的靈魂

在深入探討靈魂與物質世界之間的連結時，我常常遇到一些難以用言語精確表達的概念。透過日常生活中的比喻，我試圖讓這個概念變得更加容易理解。想像一下，靈魂的存在和意識體在進入這另一個狀態或空間後，其與物質世界的連結似乎經歷了某種稀釋過程。

在離世初期，特別是在最初的四十八小時內，靈魂通常處於一種極度的情緒張力中，伴隨著害怕和不適應的感覺。這種情緒的高度緊張，顯示靈魂在剛離開肉體時面臨的混亂和不確定性。然而，隨著時間的推移，特別是在經過二到七天連線困難的轉變期之後，靈魂的狀態會發生顯著的變化。

這段轉變期似乎是一種精神上的洗禮，靈魂在這個過程中逐漸釋放了生前的緊張和恐懼，達到更加沉穩和平和的狀態。這個變化是情緒上的，也是靈魂自我認識的深層轉變。

值得注意的是，這種轉變似乎並不完全依賴於家屬進行的任何儀式或誦經活動。即使在一些失蹤案例中，靈魂未能經歷這些儀式，但在溝通時仍展現出了一定程度的釋然和平靜。

這種現象提醒我們，靈魂的旅程和轉變過程擁有其內在的力量和機制。即使外在沒有進行特定宗教或文化儀式的情況下，靈魂也能進行必要的轉變，進入一個更加平和的狀態。這也許是宇宙間存在著某種自然的秩序及平衡力量，指引著每一個靈魂走過他們的過渡期，向著下一階段邁進。

這裡我要給大家一個很生活化的例子。想像你有一杯濃郁的奶茶，這杯奶茶代表靈魂在物質世界的濃密存在。當靈魂進入另一個維度或空間後，且部分回到地球上時，他的存在感好比這杯奶茶被進一步稀釋。我想要強調的是，這不代表靈魂變得不完整，而是他的存在方式發生了變化，變得更為「稀薄」。

靈魂還是保留他原來的樣子，並不會缺一塊少一角，只是存在似乎被稀釋的狀態。

這種「稀釋」並不表示失去或減少，而是一種狀態上的轉變。就像稀釋後的奶茶，它依然是奶茶，只是口感和濃度有所不同。這樣的轉變，讓靈魂在不同的狀態間流動，既保持了某種連結，又體現了不同層次的存在。

當我們談到與逝去親人的靈魂溝通時，家屬經常好奇地問：他們是否會跟著那個光的世界領航去投胎呢？每次面對這樣的問題，我都試圖以不同的方式來解釋。

首先要了解的是，留在地球上的那部分靈魂約占百分之二十，或者稱之為意識體，是有其獨特存在的。這些意識體仍然記得自己在人間的親人、自己的生活和經歷。他們留在這裡，似乎還繞著我們的世界轉，但同時，大多數同一個靈魂意識體約占百分之八十都在另一個光的空間，等待著他們的下一次旅程。

在進行靈魂溝通時，我接觸的是留在地球上這一部分的靈魂。有趣的是，留在地球的靈魂和那空間中另一部分的靈魂並不直接溝通。這讓我深思：為什麼他們之間不能溝通呢？如果能夠溝通，不是更好嗎？我們就可以知道他們的下一個旅程將會如何。但後來我逐漸意識到，這種不相互知曉的設計隱含著某種微妙的智慧。

可能的原因之一是，這種分隔保護了留在地球上的家屬和那些準備進入新生的靈魂。對於家屬來說，知道逝者的下一步可能會帶來更多的掛念，而對於準備進入新生的靈魂來說，過多的地球綁定可能會影響他們的轉世進程。這種設計讓每個靈魂都能在不受前一生牽絆的情況下自由地開始新的旅程。

我常遇見滿懷希望的家屬，渴望在另一個世界再度與親愛的人重逢，這份期盼深深地觸動了我的心。我希望能夠為家屬帶來一絲慰藉，減輕他們的悲傷。然而，從我所收集的資料來看，雖然靈魂有可能在另一個維度遇到過世的親人，但事實上不是那種具體的「相見」。

更深刻的啟示在於，靈魂在那裡豁然開朗，明白了自己一生的旅程和周遭人物的重要性。有些靈魂向我透露，他們之所以在年輕時就離世，是因為他們的人生任務已達成，新的旅程正等著他們。還有靈魂分享了他們來此世界的使命——如一位靈魂所說，他來到這個世界是為了轉化他母親的觀念，透過自己的存在使她的思想發生變化，這是他此生的責任與使命。

透過靈魂的分享讓我重新思考人類在世界舞台上的角色。我們像是跟隨一個未知的劇本演繹自己的角色，透過不斷體驗與學習進行人生的旅程。當我們達到另一個光明的空間，就好比戲劇的落幕，我們脫下了自己的戲服，突然間之前的人生意義與使命變得清晰。

靈魂與靈魂不相見

靈魂在地球上百分之二十的存在，沒有了生活的擔憂，也失去了與人互動的可能，這讓人不禁問：難道他們就不能在靈魂的世界中找到新的朋友，和其他過世的靈魂交流嗎？在我的觀察中，靈魂世界的社交機制與我們生前的世界大不相同。靈魂的視覺和感知方式，與肉身時有著根本的不同。

我發現靈魂似乎無法直接看到或與其他已過世的家人相互識別。這並不是說靈魂完全與過去的聯繫斷裂，而是他們與過去的連結是建立在記憶和意識上，而不是物理存在的互動。這表示靈魂在懷念和尋找過世親人時，更常依賴於自己內心的記憶和想像，而不是實際的「見面」。或許可以用夢境來解釋，人在作夢時夢到和某個朋友見面說話，但現實生活中你並沒有見到他、也沒有和他說那些話，朋友並不會有這個見面和對話的記憶。

我們常常渴望在過世後，能夠與我們愛的人再次相遇，就如同某些影集或電影中描繪的那樣美好。然而，靈魂世界的真實情況似乎告訴我們，死後的世界與我們的期望存在著一定的差距。靈魂的相遇常發生在一個內在的、意識形態的層面，而非我們習慣的物理接觸或視覺認證。

這種發現並不是要讓我們感到失望或悲觀，反而應該讓我們更加珍惜和重視我們在世時與親人共度的時光。它提醒我們，生命中的每一刻都是無比珍貴的，我們與親人間的每一次交流和共享，都是構建我們內在記憶和連結的重要部分。而這些記憶和連結，就是靈魂在過世後最寶貴的財富，他們在靈魂世界中以一種更加深刻的方式持續發光發熱。

生活在地球的約百分之二十的靈魂意識體，這些靈魂並不屬於即將投胎轉世的範疇。這些靈魂的留存，深受其生前所受的教育、文化背景的影響，保留了他們的個性和脾氣，影響了他們在靈魂狀態下的行為和交流方式。

我們在世時，絕大部分的交流和表達都是透過語言完成的。此外，我們還依賴視覺觀察來理解他人的生活習性和情感狀態。然而，當一個人脫離其物理身體，成為一個意識體後，這些語言的表達方式和視覺交流的方法就變得不再適用。在這種狀態下，靈魂與靈魂之間似乎成為無法交流的存在，他們不相見，也不在地球上進行任何形式的交流。

這一發現改變了我對靈魂世界的基本認識。長期以來我觀察到靈魂與不認識的在世之人擦肩而過，他們的存在就像是路人一般，互不干涉，彷彿彼此處於不同的頻率中。

特別是當靈魂因為難以放下對在世家屬的牽掛而顯得糾結不已時，我經常看到他們蹲在家屬身邊哭泣或表現出傷心的情緒。這種場景讓我感到無奈。即使是年幼的靈魂，雖然他們對於在世的許多欲望和金錢制約的掛念較少，但他們之間的互動和相互認識的可能性仍然非常有限。

即使在靈魂世界內部，靈魂與靈魂間也似乎無法像在世時那樣進行正常的交流和互動。他們無法手牽手共同生活，無法認出彼此，也無法共享彼此的經歷。這讓我思考，靈魂世界的交流和連接是否存在於一個更加細微和非物質的層面上。

在進行靈魂溝通時，我遇到了許多令人心疼的故事，其中一個最觸動我心的故事是關於一對情侶。這個故事的啟示深刻且重要，特別是對於那些誤以為透過自殺可以與過世的愛人重逢的人。

故事的主人翁是一對年輕戀人，男生因為一場意外離開了，留下女孩孤獨承受著失去愛人的痛苦。女孩在深深的悲傷中，產生了極其錯誤的念頭——她認為如果自己也離開這個世界，就能再次與她的愛人團聚。

在她做出了無法挽回的決定後，雙方的家長為了緬懷他們的愛情，甚至舉行了讓他們在另一個世界「結為夫婦」的冥婚儀式。但當我通過靈魂溝通接觸到這位女孩時，她向我透露她並沒有如她所願遇見她的男友，而是陷入了更深的絕望和懊悔之中。

這個故事告訴我們，自殺不能解決問題，反而會將更多痛苦和悲傷留給活著的人。女孩的懊悔來自於她沒有能夠重新與愛人團聚的絕望，更來自於她對自己行為讓父母造成的傷害而懊悔不已。

生命是寶貴的，每一個生命都有其存在的價值和意義。當我們面對絕望和痛苦時，我們應該尋求幫助，與周圍的人分享我們的感受，而不是選擇逃避。自殺不僅不能帶你去見你所愛的人，反而會在你離開後留下無盡的遺憾和痛苦。

死後的世界充滿未知，我們無法預測或控制死後能否與過世的親人再次相見。因此，珍惜當下，珍愛生命，尋找生活中的美好，並努力克服困難，才是對自己和愛你的人最好的回報。

我在社會新聞中常聽到一些家族集體離世的事件，使我不得不向大眾呼籲，靈魂世界的相遇並不是大家想像中的那樣。靈魂之間的「看見」多是內在的感受，而不是物理世界中的相遇。當一個人過世後，靈魂會進入全新的存在狀態。這意味著即便是家族成員一同離世，他們在另一個維度中的相遇並不會像生前那樣，能夠手牽手或進行物理上的互動。

這也解釋了為什麼有些人在親人過世後，透過夢境或某些特定的感覺來「見到」過世的親人。這些經驗往往是靈魂通過我們的內在意識和記憶來進行的溝通方式，而非物理世界中的直接見面。

因此，我希望能讓大家更加理解靈魂世界的真實性質，以及我們與過世親人之間的連結。我們應該珍惜和感激生前與親人共度的每一刻，而不是寄望於死後的相遇。真正的安慰和連結，來自於我們對親人的記憶和我們內心對他們的愛，這些是超越生死的印記。

靈魂的模樣

當我們探討靈魂的外觀時，重要的一點是靈魂的模樣實際上是基於他們對自己的認知而形成的。這裡的關鍵是個人認知，靈魂如何看待自己，並不一定受限於其他人對他們的期待或看法。這一發現對於理解靈魂在過世後如何存在提供了新的視角。

舉例來說，如果一個人生前非常注重外表，擁有大量衣物，這不一定代表他們對於美的追求僅僅是出於愛美本身，可能是工作或社交環境的需求使他們這樣做。因此，當我們試圖從靈魂的穿著來理解他們，必須認識到靈魂的自我認知可能與生前的實際情況有差異。

靈魂的外觀常常是反映了其對於衣著的偏好和選擇。如果一個人生前特別喜歡輕鬆休閒的穿著，像是汗衫和拖鞋，在與他們溝通時，我們很有可能會看到他們選擇穿著自己喜愛的衣物出現。

靈魂的表現和外觀，真的是深度個人化的選擇，完全基於他們自己對於自我身分的認知和理解。這讓我們明白，無論是生前還是生後，個人對自己的看法和感受如何，都會深刻影響到他們如何呈現自己。

比如說，我遇過一位老爺爺的靈魂，每一次與他溝通時，他都穿著整齊的西裝，打著領帶，甚至還配戴懷錶。這樣的穿著反映了他生前對於穿著的講究和個人品味，也顯示了他對於自己外在形象的重視。

更有趣的是，有些靈魂會跟我分享他們「有了頭髮」。這些靈魂生前可能因為疾病接受化療而失去頭髮，這對他們來說是一件非常在意的事情。在靈魂狀態下，他們選擇呈現出有頭髮的模樣，這是對生前身體狀態的一種補償，也是對自己理想形象的追求。

同樣地，有的靈魂在生前可能不太愛化妝，但如果因為家人的期望或其他原因，在過世時保持著化妝的狀態，他們在靈魂狀態下也可能選擇保留這樣的形象。

這顯示了靈魂對於家人期望的一種尊重和回應。

靈魂世界並不是一個單一、統一的存在。每個靈魂都有自己獨特的個性和選擇，這些選擇深深根植於他們的自我認知和生前的經歷。無論是選擇穿西裝、保持化妝，還是擁有頭髮，這些都是靈魂如何看待自己的表現。

談到靈魂的身高，我注意到一個特別的細節：絕大多數的靈魂在呈現自己時，他們的身高與生前大致保持一致，通常相差不會超過五公分。靈魂在選擇如何展示自己這個問題上，似乎還保留著他們生前的一些身體特徵，可能來自於對自身的長久以來的認知。

此外，我還想與大家分享一個常見的誤解：給靈魂的衣服是否一定要通過焚燒的方式來傳達？實際上，靈魂對溫度沒有感知，這意味著他們在選擇穿著時並不會受到氣溫的影響。所以，即使外面正在下雪，靈魂可能仍然選擇以他們喜歡的方式來穿著，比如穿短袖、短褲。這再次強調了靈魂的選擇是基於他們自己的喜好和內在的認知，而不是物理世界的條件或他人的期望。

當談到給過世家人準備衣物或物品的傳統做法，尤其是燒紙錢和紙製品的習俗，我們可能會好奇這些行為對於靈魂來說的真正意義。從我研究和溝通靈魂的經驗來看，靈魂與物質世界的連結並不像我們想像的那麼直接。

靈魂的世界與物質世界的互動方式是非常不同的。當靈魂離開肉身後，他們對物質世界的需求和感知方式會發生改變。這表示即使我們為他們準備了豐富的物質供品，他們的感知和欣賞方式可能與生前完全不同。

當家屬保留過世者生前喜愛的物品，如衣物或包包，並在呼喚他們的名字時將這些物品放置在一個特定的空間，比如床上，靈魂在回應這種呼喚時，會透過這些熟悉的物品喚起他們生前的回憶。對於靈魂來說，這種回憶比起物理上的「擁有」，意義更加深刻。

這並不意味著傳統的燒紙錢或紙製品沒有其文化和情感上的價值，而是提示我們，靈魂對於這些物品的「擁有」感，是透過與這些物品相關的記憶和情感連結來實現的。所以，如果你還保留著過世親友的一些個人物品，這些物品本身就已是一種寶貴的連結。透過紀念和回憶，我們可以在心靈層面上與過世的家人保持聯繫，而不必過度依賴物質的供奉方式。

靈魂需要吃飯嗎？

當我在靈堂進行靈魂溝通時，我經常遇到家屬正處於深深的悲傷之中，而我卻在進行一項完全不同的任務。有時，我會與剛過世的靈魂討論一些看似日常但實際上卻很不容易的事，比如他們如何「進食」？

你有沒有想過，當人離開了肉身，那種熟悉的用餐方式，比如拿筷子、用碗盛食物，對他們來說已經完全不適用了。

至於靈魂的「進食」方式，對許多人來說可能有些難以理解，因為我們習慣於用筷子、湯匙、刀叉、碗盤等餐具來享受食物的味道和質感。但在靈魂的世界裡，「進食」是完全不同的體驗。

讓我們用一個簡單的例子來解釋這個過程。假設你非常喜歡滷肉飯，你對它的味道有深刻的記憶。當我把一張滷肉飯的照片放在你面前時，你的大腦會立刻啟動那些吃滷肉飯相關的記憶。你可能會開始回想起吃滷肉飯時的情景，甚至能感受到滷肉的香味和米飯在口中的質感。

這種基於記憶和感覺的「進食」，和靈魂世界中的「進食」有著驚人的相似性。靈魂並不需要用筷子拿起食物，但是需要物理上的食物存在幫助提取自己對於食物的回憶，從而達到「進食」的效果。這是一種完全基於能量和意識的交流，遠遠超越了我們對物質世界的理解。

當我們在靈堂放置各式各樣的食物時，這些食物對靈魂來說，並非都是他們想要「吃」的。比如說，常見的腳尾飯或針對年紀較小的靈魂所準備的零食餅乾，這些食物是否能引起靈魂的興趣，取決於他們是否願意從記憶中提取與這些食物相關的印象。

我注意到，即使食物就放在靈魂面前，他們有時候也只是看一看，甚至連提取過去的印象都不願意去做，這讓我認為他們並沒有「吃」下這些食物。對靈魂來說，提供給他們的食物不是他們想要的，或是靈魂當下的情緒狀態，都會影響他們是否「想吃」。這不是我們通常認為的，吃飽了好上路的概念。

我們總以為對那些深愛著的已逝親人所進行的每一種祭祀，不管是拜的腳尾飯或誦經祈福，他們都會喜歡、都會接受。

有一次，我與一位生前非常喜歡吃生魚片的靈魂溝通。他的家人在拜腳尾飯時，從來沒有想過要為他準備生魚片，因為傳統上我們總認為拜給靈魂的食物應該是素食或傳統的腳尾飯。這位靈魂對我說，他很想再次品嚐生魚片的味道，這表示靈魂的喜好和生前是一致的。或許我們在準備祭祀時，需要更加考慮到被祭拜者的真實喜好。

當我們在靈骨塔進行傳統儀式，為靈魂誦經或提供素食，其實是基於我們對於他們狀態的期望和想像。我們希望這些行為能幫助他們達到更好的狀態。不過，這些儀式並不是所有靈魂都需要或接受的。

有些靈魂對於是否聽佛經或吃素並沒有特別的關心，因為他們的現狀和生前的習慣不同。我們認為透過某些特定的方式能幫助靈魂「放下」或「昇華」，但實際上靈魂的需求和感受可能和我們的想像有差異。

我在溝通時也遇到過，當家屬將靈魂安置於靈骨塔並執行了一系列儀式後，有些靈魂會感到不悅或困惑。他們會問為什麼生前沒有這樣的習慣，死後卻要這麼做？這種情況讓我意識到，我們對於「提升」的理解可能太過於物質化或形式化了。

例如，吃素在某些宗教中是對生命的尊重和體諒，但重點不在於吃素這個行為本身，而是背後的意義和態度。同樣地，誦經、聽經文的儀式也是如此。如果靈魂生前沒有這個習慣，或不喜歡聽這些經文，那麼這樣的儀式對他們來說可能就沒有意義。有時我們的好意並不一定被靈魂所接受，每個靈魂的需求都是個別的，至於多個別呢？個別到依著他們的喜好去挑選他們想要被安置的方式。

當談論靈魂與食物的關係時，其實是在探討一個更深層的問題：靈魂的存在狀態與我們在肉身世界生活經驗之間的聯繫。這不僅僅是關於飲食的喜好，而是關於人的本質與轉變。最根本的區別在於靈魂缺乏一個物質的軀體，但這並不表示靈魂沒有「偏好」，或是不會「選擇」。

想想看，在我們選擇吃什麼時，我們的選擇往往受到過去經驗、記憶深淺，甚至個性和喜好的影響。比如有些人可能熱愛海鮮，而有些人則可能對巧克力無法抗拒。這些偏好基本上是由我們的經歷和記憶塑造的。那麼，當一個人轉變為靈魂時，為什麼我們會期待他們的喜好完全消失呢？

這種轉變更像是一種狀態變化，而非本質的改變。靈魂可能不再需要物質食物來維持生存，但他們對於食物的「記憶」和「偏好」仍然存在。這種經驗或許是靈魂與過去連結的一種方式，一種通過回憶來感受生前喜好的方式。

所以，當我們在為過世的親人準備食物時，不只是在進行一種儀式或傳統的符號行為，實際上是在與他們建立一種非物質的溝通，通過他們生前的記憶和偏好來向他們表達愛和紀念，使我們與逝去的親人之間的聯繫從未斷開。

家屬們普遍認為燒紙錢能讓靈魂接收到，但當談到祭拜的食物時，許多人卻認為靈魂能夠透過香味來「吸收」食物，而不需要燒掉它。這個觀念對我來說始終有些奇怪，因為在我與靈魂的溝通中，我從未見過他們有任何「吸食」的動作。

人們對「吸取」這一概念的理解，可能與靈魂世界的實際情況大不相同。我發現靈魂對於眼前的食物似乎只是靜靜地觀看，表面上看似發呆，但實際上他們正從中獲得有吃到東西的滿足感。

這種現象讓我感到驚奇，我開始更認真地探索靈魂怎麼吃？試圖理解靈魂與食物間的關係。傳統認為，通過香火與食物的儀式，靈魂能夠享受到這些祭品。但我所觀察到的，靈魂不是透過實際的吞嚥動作來「食用」食物，而是透過感知上的體驗。他們回顧過往與食物相關的記憶，從中獲得滿足。

這一發現讓我對靈魂世界的運作有了更深的理解，也為家屬們提供了一種安慰。知道親人在另一個世界仍能以這樣的方式「享用」我們為他們準備的食物，是特別的慰藉。透過這份理解，我們更貼近靈魂的世界，也在某種程度上，繼續與過世的親人保持著一種特殊的聯繫。

在靈魂世界中，靈魂的需求與我們在物質世界的體驗不同。沒有肉身的靈魂不再受到生理需求的限制，比如飢餓或血糖水平的波動。那麼，靈魂如何感知自己的需求呢？

在與靈魂的溝通中，我發現靈魂的「需求」多是基於過去自己生活裡的習慣，而非物理需求。靈魂透過對過去生活經驗的記憶和感受，來「體驗」這些需求。換句話說，他們可能會因為回憶中與某種食物相關的快樂或滿足感而感到「飢餓」。

靈魂會安住在墓地裡嗎？

每個靈魂都有其獨特的喜好和需求，這些需求有時與我們生前的習慣、文化傳統或宗教規範並不完全吻合。我遇到了許多靈魂，他們對於自己的最後安置方式有著明確的偏好。

比如說，有些靈魂生前對於宗教和儀式沒有太多了解，他們可能會有特別的要求，想要以一種更加符合個人意願的方式被記住和安置。這時，家屬便面臨一個難題：是應該遵循靈魂的願望，還是遵守傳統和宗教的規範？

舉個例子，傳統上認為應該由家中的長子來負責靈骨塔的晉塔事宜，但在我溝通過程中，卻有靈魂表示希望由長女來執行這些儀式。這樣的要求讓家屬陷入兩難：他們應該遵循靈魂的願望，還是遵守傳統規範？

有的靈魂甚至表示，他們不喜歡靈骨塔或任何形式化的安葬方式，希望自己的骨灰能夠被直接保留在家中。這樣的想法可能會衝擊我們的傳統觀念，甚至被認為是不尊重或是違背傳統。然而，最終家屬還是可能選擇按照傳統方式處理，即使這與靈魂的願望有所不同。

在處理靈魂安置的問題上，並非單純去依據靈魂所想和期待，靈魂就像人一樣，在討論這個問題時是保留他們的個性和想法，包含脾氣；而家屬的角色同樣非常重要，家屬們的感受、願望及實際可能面臨的限制都需要被考慮進去。這讓整個過程變得更加複雜，但同時也更加充滿人性。這是一個需要時間、耐心和理解的協商過程。

每次溝通時，我都努力平衡靈魂的意願與家屬的需求，試圖找到一條讓雙方都能接受的道路。這經常涉及到深入探討靈魂的個性、他們生前的關係，及他們對於自己最後安息地的願景。

我常遇到一些特別的要求，這些要求通常是基於他們生前的喜好、經歷，甚至是與家人的關係。其中一個讓我印象深刻的是，有些靈魂希望自己的骨灰能被安置在一個特定的地方，那裡可能是他們生前特別喜愛的景色或對他們有特殊意義之地，他們認為那個環境能讓他們感到滿意和平靜。至於骨灰罈的顏色、樣式，甚至執行儀式的價錢，他們可能也有自己的偏好。

有時也會有很為難的時候，比如靈魂生前想要海葬，但是後來得知海葬要排隊，等待時間很久，還好家屬保留了他的部分骨灰，一方面幫他樹葬，一方面帶部分的骨灰去他想去的地方，其中還是有很多人類世界的法規要考慮及遵循。

也有靈魂因為生前的感情問題，不希望與配偶共處一個靈骨塔。這對家屬來說是一個難題，尤其是當他們已經為靈骨塔位做好了安排。此時我不得不扮演和事佬的角色，試圖調解雙方的意願，尋找一個讓所有人都能接受的解決方案。

想跟大家分享一下我在處理靈堂、安置骨灰罈到靈骨塔這件事上的一些見解。常有人問我，那些公墓或靈骨塔是不是靈魂特別多？關於這一點，可以從一個比較生活化的角度來看這個問題。

在深入探索靈魂世界時，我看見土地的能量和氣場對我們有著不可忽視的影響。尤其是在選擇安葬地點時，對家族的能量甚至是子孫的運勢都有著深遠的意義。這讓我意識到，我們與這個世界的連結，遠遠超過了我們的肉體存在，它觸及到了一個更加廣闊和微妙的層面。

當我們選擇一個地方作為最後的安息之地時，是在物理空間中留下了記憶，也是在能量層面上與這片土地建立連結。這個連結如同無形的絲線，將家族的過去、現在和未來緊密地織在一起。我發現一個良好的安葬地點能夠為家族帶來不同的能量，甚至有助於解開一些長久以來纏繞家族的問題。

然而，影響家族能量的方法不止於此。生活環境的改善、家族關係的和諧，甚至是對家族歷史的理解和接受，都能夠在不同層面上促進家族能量的提升。

在這個過程中，我學會了如何更加敏銳地感受和理解那些看似無形、但實則影響我們每一個人的能量和氣場。這不僅僅是對於逝者的尊重和追憶，更是對生命本質深刻的理解。通過這樣的探索，我們除了能為逝去的親人尋找到真正的安息之地，也能為自己和家族尋找到更多的和諧與平衡。

最終，這些探索和實踐讓我們明白，無論是生還是死，我們都與這個世界緊密相連。我們的每一個選擇和行動，都在無形中影響著自己和周遭的人。而透過對靈魂世界的理解和尊重，我們可以為逝去的親人提供充滿愛和光的安息之地，也能夠為自己和家族開啟一條通往更加美好未來的道路。

當我們還活著時，對於公墓這樣的地方，大多數人都會選擇快速通過，不會特意去停留。我還記得小時候，家裡的長輩總會告訴我，只要我不打擾他們，他們也不會來打擾我。這讓我從小就有一種認知，那就是與靈魂保持一定的距離。

但在實際參與過的靈堂或安置骨灰罈的工作中，我發現事情可能並不是大家想的那樣簡單。很多人會以為一旦靈魂被安置在某個地方，他們就會乖乖待在那裡，就像電影裡演的那樣，他們可能還會有很多「鄰居」可以一起聊天呢。

但實際情況是當家屬安置完骨灰罈，並告訴逝者以後會來看他後便離開，很多時候逝者的靈魂會跟著家人一起回家。原因很簡單，那個被安置的新地方對他們來說太陌生了，他們沒有歸屬感。

這跟我們活著的人很像，當我們到一個全新的環境，如果沒有熟悉的人或事物，我們也會感到不安，甚至想要回到自己熟悉的地方。靈魂也是如此，他們可能更願意待在他們生前熟悉的家中，而不是靈骨塔。

有一回，一位家屬想要為逝去的親人準備一頓特別的食物，那些他生前最愛吃的東西。這位家屬心裡想著，準備好這些食物，帶到靈堂去，好像逝者還能感受到這份愛。

當家屬忙碌著在廚房準備這頓「魂食」時，我能感覺到那位逝者的靈魂就坐在廚房的一角，靜靜地看著這一切。他似乎能感受到家屬的愛與思念，那份準備食物的過程，對他來說就像是溫暖的擁抱。

當一切準備好，家屬帶著這些食物來到靈堂。那位靈魂也跟隨著來到這裡，看著家屬一邊擺放食物，一邊輕聲跟他說話。這一幕，逝者還在，只是家屬看不見他而已。

當家屬告別準備回家時，他們跟逝者說：「下次我還會來看你。」然後，那位靈魂也跟著他們一起回家了。

關於祭祀時陰陽兩界的互動，我會思考對於公墓和靈骨塔的傳統觀念，以及我們為逝去親人舉行的種種儀式，背後隱含人類對於死亡的深層心理和文化反映。這些行為表面上看似是對逝者的最後尊重，但如果深入去想，不難發現這同時也是活著的我們試圖理解和處理死亡這一終極議題的方式。

為什麼人們在靈骨塔或公墓的祭拜時間趕得那麼快，卻又希望我們愛的人能在那裡找到他們的「安息地」呢？聽起來好像有點自相矛盾，對吧？但這背後反映的可能是我們對於死亡的恐懼，以及對未知的不確定感。

我們是不是總是急急忙忙地離開那些跟死亡有關的地方，好像只要多待一秒，不祥的氣息就會沾染上我們似的。但同時我們又透過各種儀式和祭拜，希望能確保那些離開我們的人，能安安穩穩地過渡到下一個世界。這種矛盾行為模式說到底，是我們在試圖以自己的方式控制對死亡的恐懼，是一種自我安慰，也是對未知旅程的尊重。

我們透過這些儀式，告訴自己：「看吧，我們已經做了所有能做的事情，現在可以放心了。」同時，也是對逝去的人說：「我們愛你，希望你能找到平靜。」這是讓我們自己能夠接受事實，慢慢學會放手的過程。

當我們把骨灰安置得好好的，或者完成了安葬儀式之後，按理說，一切都應該落幕了，對吧？但很多時候，靈魂卻好像還沒準備好離開，選擇跟著家人回家。這背後的原因，其實跟我們人類對於「家」的感情和歸屬感有關。

「家」對於我們來說，不只是居住的地方，更是情感的寄託，是安全感和溫暖

的源泉。對於剛剛離開肉體的靈魂來說，這種情感的紐帶並沒有因為死亡而斷裂。在他們最初的過渡期，可能還是會被這種強烈的情感所吸引，選擇留在最熟悉、最有安全感的地方——也就是家。

死亡是一個過渡，一個從肉體到靈魂狀態的轉變。而這個過渡期間，靈魂可能還需要時間來適應、來接受這個新的存在方式。

隨著時代變遷，人們對於親人的安葬方式越來越多樣化，如今，花葬和樹葬等方式越來越普遍。在過去，台灣因為土地限制，許多人無法進行土葬，轉而選擇靈骨塔或骨灰罈等方式安葬親人。這些方式給予家屬安心感，因為他們相信這些地方會有人協助誦經或祭祀，讓親人得以安息。

然而，從我的視角來看，靈魂的狀態有著不同的理解。儘管我們常提到「三魂七魄」的概念，但我看到的常常是靈魂在生前習慣的影響下，會回到過去的住所。生前習慣住在家中的靈魂，往往在離開身體後，仍會回到家中。因此，骨灰罈和祭祀儀式的主要目的是告訴靈魂他們已經往生，需要放下執著，進入新的生活狀態。

家屬選擇高處或視野開闊的安葬地點，對靈魂來說並無實際意義。靈魂更在意的是熟悉的環境，而非高度或景觀。

在過去，對於未婚女子的安葬，因為擔心她們過世後無人祭拜，通常會將她們安置在廟宇中，由廟方代為祭拜。這樣做主要是為了家屬的安心。然而，根據我的研究，這樣的安排並非必要。靈魂在時間的流逝中，會逐漸放下對進食和被記住的執著。隨著過世時間越久，靈魂會變得越來越釋懷，放下生前的執念。

至於亞洲文化圈，常會在家中安奉祖先牌位。祖先牌位不只是一塊木牌，更是文化的象徵和心靈的聚焦點。當我們合掌祈禱或點燃香火的那一刻，這些動作提供了一種心理定位，讓我們的思緒和情感有了一個安放的空間。

透過牌位，我們可以感受到親人的氣息和存在，彷彿他們就站在我們面前。無論我們身處何地，只要心中有「思」、「念」，內心的一聲呼喊就足以感受到那份親密無間的聯繫。

事實上，並不一定需要物理的牌位，我們仍可以透過其他方式，如保留親人的照片、留住特別的紀念品，或僅僅是在心中維持他們的記憶，一樣可以達到心靈上的交流和紀念。但牌位的存在讓這一切變得更加具體，幫助我們集中情感和記憶。它像是家族的記憶容器，保存著一代又一代的故事和共同的歷史。透過定期的祭拜紀念逝去的親人，也在重申對家族傳統的尊重和承諾。

至於靈魂是否真的存在於祖先牌位中？我認為並非如此。但對於家人來說，這是一種重要的心靈慰藉。過去的傳統觀念認為，女性嫁出後隸屬於夫家，而男性才是繼續祭拜祖先的主要責任人。這源於一種擔憂：如果沒有男性後裔，祖先的香火可能就會斷絕。但現在，我們的祭拜方式越來越簡化，也變得更加彈性。

那麼，如果我們不選擇這樣的祭拜方式，祖先會因此憤怒，並懲罰我們的子孫嗎？從我所見，情況並非如此。當家中有人運氣不佳時，連續的事件可能讓人感到慌張，甚至覺得是祖先的不滿所致。但我認為關鍵在於我們的心態。只要我們心中

靈魂還有興趣愛好嗎？

在進行靈魂溝通時，我發現那些生前酷愛閱讀或是熱衷學習的人，他們的靈魂似乎也保留著相同的愛好。

你可能會好奇，這些靈魂是否能夠真的「拿起一本書」來閱讀，或繼續追隨他們生前喜愛的電視劇。有人甚至問我，是不是應該為他們燒一個紙製的iPad？

事實上，這些靈魂在過去熟悉的環境中重現生前的行為和活動，卻不需要實體的書本或電子設備。即使手中沒有真正的書或iPad，他們仍會展現出閱讀或觀看劇集的動作，這些行為源自於他們生前的習慣。

靈魂世界與我們的物質世界截然不同。在那裡，靈魂不是透過物理媒介來體驗樂趣，而是通過回憶和感知。就像是當你想起吃過的美味滷肉飯時，那份味覺的記憶和滿足感，靈魂也能透過類似的方式「體驗」閱讀書本或觀看劇集帶來的樂趣。

至於為靈魂燒紙製 iPad，則是我們對逝者生前愛好的尊重和紀念。真正重要的不是物質的存在，而是那份不滅的記憶和情感連結，讓靈魂即使在另一個世界，也能繼續享受生前的熱愛。

我發現那些生前熱愛看電影的人，他們的靈魂似乎會選擇出現在他們所熟悉的電影院裡。但他們不一定知道電影院正在放映哪一部電影。這是因為如果這部電影是他們過世後上映的，那麼他們自然沒有這部電影的記憶。然而，這並不妨礙他們享受看電影的樂趣。

這種現象讓我們理解到，靈魂世界的體驗並不依賴於具體的物質和事件，而是由感知和記憶來帶動。對於那些熱愛電影的靈魂來說，重要的不是他們正在看哪一部電影，而是那熟悉的電影院環境，以及看電影時那種獨特的滿足感和快樂，這些都深藏在他們的記憶之中。

即使在另一個世界，靈魂仍然能夠通過回憶中的感知，重現生前的愛好和喜悅。這種能力展現了靈魂超越物質界限的獨特之處，也提醒我們生命中真正有價值的往往是那些不可見的情感和記憶，即使在肉身不存在之後，依然能夠為靈魂帶來喜悅和滿足。

我曾遇過一位生前熱愛閱讀的靈魂，他對於自己滿屋子的書籍情有獨鍾，對家人的關心相對較少。與這位靈魂交流溝通時，除了讓我感受到他對書籍的熱愛，也給了我一個特別的挑戰——如何準確地傳達他的意念和詞彙。

這位靈魂生前顯然是一位文學愛好者，他的用詞優雅，詞彙豐富，每當他試圖通過我向家人傳達訊息時，我都能感受到他的國文造詣之深。對我來說，這真是個巨大的挑戰，因為我的國文能力並不足以完美翻譯他的意念。每當嘗試轉譯他的詞彙時，我總覺得自己沒能完全做到精準，這讓我感到無比挫敗。但是，從這個過程中我深刻地感受到他對閱讀的無盡熱愛，他如命般珍視的書本，似乎比任何事物都重要。

當我試圖與他溝通時，他經常將話題引向他珍愛的書籍，談論那些他生前閱讀過的作品，以及這些作品對他思想的影響。他描述的每一本書，都彷彿是他生命中不可或缺的一部分，這讓我對他的人生有了更深的理解。

他透過書籍與不同時代、不同文化的思想家進行對話，從中尋找靈魂的慰藉和啟迪。因為這種對閱讀的愛，讓家屬在靈魂溝通時知道這就是他的存在！

我曾遇到一位熱愛釣魚的老伯的靈魂。這位老伯生前每天都會去海邊，無論風和日麗還是風雨交加，他都堅持著他對海的熱愛和對釣魚的執著。他告訴我，海對他來說不僅僅是一片水域，更是他的朋友、他的家。

過世後的他依然保持著這份熱愛。他的靈魂經常往海邊跑，就像生前一樣，尋找那份獨特的平靜與滿足感。靈魂告訴我，他現在雖然無法實際觸摸到釣竿，但他依舊能夠感受到大海的浩瀚。他在海邊的存在，不是以肉體的形式，而是以一種更加自由的精神狀態。他能回想看到日出日落，聽到海浪拍打岸邊的聲音，感受到大海對他的擁抱。

這位老伯讓我深深感動。即使脫離了肉體的限制，靈魂仍然保留著生前的記憶，對於生前喜愛的事物依然懷有深厚的情感。這種持續的情感連結，顯示了靈魂對過去生活的懷念，更是對生命熱愛的延續。

還有一位靈魂生前是一名電影迷，無論是經典黑白片還是最新熱門大片，他總是第一時間出現在電影院，沉浸在大銀幕裡的幻想世界中。

過世後，他的靈魂仍然常常出沒於電影院，坐在無人的座位上，享受著電影帶來的樂趣。他告訴我，雖然他無法與周圍的觀眾分享觀影的喜悅，但他仍能感受到電影的魅力，那種被故事所吸引的感覺對他來說依然如此真實。

另外，我也遇見一位靈魂，她生前是個書蟲，無數的閱讀時光都消磨在圖書館的書海中。

死後，她的靈魂依然選擇在圖書館中徘徊，沉浸在她曾經愛不釋手的書裡。在那裡她可以重新體驗閱讀的喜悅，彷彿時光倒流回到她生前最快樂的時刻。她對我說，書本除了是知識的來源，更是她與世界溝通的橋樑。

作為靈魂觀察者，我多次與一些離世超過十年的靈魂進行深入對話。他們向我傾訴生前那些無休止的追求、未能釋放的執念，現在回顧起來，都覺得是對生命和時間的巨大浪費。那些與家人的爭吵，那些固執地追求某些目標，堅持自己的理念，在死後回望都不值得一提；他們發現真正珍貴的，其實是與家人共度的時光，以及那些他們難得經歷過的新奇體驗和旅行。

這些靈魂的經驗告訴我，生命中有許多事情，當我們身處其中時，可能會覺得至關重要，但從時間的長河和靈魂的視角來看，這些事情不過是一瞬。他們教會我應該更珍惜與親愛的人共度的每一刻，勇於探索未知，豐富自己的生命體驗。

我遇到各種各樣的情境，其中一個讓人難忘的是處理那些生前對物品有特別情感連結的靈魂。有時這些物品對家屬來說可能是沒有價值的「垃圾」，但對於靈魂來說，卻有著無法割捨的情感價值。這種狀況下，我常得扮演和事佬，試圖平衡家屬的現實需求與靈魂的情感依戀。

當我們進行靈魂溝通，目的並不只是為了處理這些物質問題。更重要的是透過這個過程，試圖理解靈魂深層的思緒和感受，並尋求一種尊重與理解的平衡點。有時候靈魂會堅持保留一些物品，因為對他們來說，這些物質的存在是與生前經歷、情感和記憶緊密相連的紀念品。

這時候就會變得很左右為難，我通常都會跟家屬講，在他們可以接受的範圍內做選擇，就像我提供給他們的想法只是靈魂的一個想法，生活還是在世的人在過，也因為如此，家屬有了選擇，在靈魂的期待和現實生活狀況中做拿捏，做最後的決定。

作為一名靈魂溝通師，我有個小祕密想在這裡悄悄跟你分享。你知道嗎？很多時候我們都在生活中奔波，忙碌於各種事務，卻很少停下來思考生命的意義和死後的世界。但是，透過無數次與靈魂的溝通，我發現那些生前有著豐富體驗和深刻記憶的人，他們在成為靈魂後，似乎能夠更加自在地在那個世界裡生活，享受每一刻。

每一次笑聲、每一場旅行、閱讀每一本書籍、觀賞每一部電影，都在為你的靈魂積累寶貴的經驗和回憶。這些豐富的生活經歷和深刻的情感記憶，將會是你成為靈魂後，繼續享受生命之美的關鍵。

下一次當你猶豫是否該踏上一趟旅行，或者是否該給自己一點時間去做你真正熱愛的事情時，記住這個小祕密。生活不只是為了現在，更是為了那個我們終將到達的，充滿未知與奇遇的另一個世界。讓我們一起，為了那個世界，也為了這個世界，活得更加豐富、更加深刻。

透過深入的靈魂溝通，我學到了若要真正理解和幫助靈魂，需要跳脫物質世界的框架，嘗試去理解那些肉眼看不見、手摸不到，但卻充滿能量和情感的交流方式。

我們在生前從未有機會體驗過無肉體的生活，也從未練習過如何在這種狀態下移動或存在。因此，一旦離開了熟悉的身體，靈魂就會面臨一個全新的學習曲線，需要適應這種沒有物理限制的自由狀態。這種突如其來的變化令靈魂感到驚訝，但這種變化正是靈魂生活實況。

靈魂需要紙錢和祭祀儀式嗎？

我在與靈魂溝通的過程中發現，許多靈魂對於「錢」的概念仍然持有一定的認知。這並不表示他們在另一個世界需要使用金錢來進行交易，而是來自於生前對於財富和安全感的渴望和恐懼。在我們的文化中，紙錢的祭拜儀式是對逝者的尊重和懷念，也是一種象徵，提示靈魂認識到自己現在的狀態，並接受這一新的存在形式。

這一觀察提示我們，即便是在物質世界之外，靈魂仍然帶著生前的習慣、喜好和內在需求。這些需求的滿足方式可能不再是物質性的，但通過記憶、情感和象徵的形式仍然非常重要。

當探討靈魂與物質世界的連結，尤其是關於紙錢這一特殊的祭拜物品時，我發現文化背景對於靈魂的認知和反應有著深刻的影響。紙錢作為一種象徵性的祭品，在許多東方文化中被認為能夠被靈魂所使用。然而，在與來自不同文化背景的靈魂溝通時，我發現這一概念並不是普遍存在的。

當與外國人靈魂溝通時，特別是那些生前沒有紙錢概念文化的靈魂，對於我們燒給他們的紙錢通常只會感到困惑。這種困惑是因為他們不理解紙錢的物質價值，更重要的是，他們不理解這一行為背後的文化和情感意義。

相對於這些靈魂的困惑，東亞文化圈，如中國、韓國、台灣等地的人們，對於紙錢有著深厚的文化認同，紙錢是對逝者的物質供奉，也是一種情感寄託和對逝者靈魂安寧的祝願。

當探討靈魂對於財富的需求時，其實是在探討一個深層的心理現象，這現象源自於生前對於金錢的深刻認知和文化教育的深遠影響。從小到大，我們被教導金錢是如何影響我們的生活，如何定義我們的社會地位，甚至是我們性別角色的一部分。這些觀念，如同無形的鎖鏈，緊緊地束縛著我們的意識，並且延伸到了我們的靈魂深處。

在與靈魂溝通的過程中，我經常能感受到這些更深層的影響。靈魂對於財富的需求，不僅僅是物質上的渴望，更是對於安全感和認同感的追求。生前對錢的態度和習慣，會深深地刻印在靈魂的意識體裡，這些刻印在靈魂離開肉體後仍然發揮著作用，影響著靈魂的需求和態度。

這種影響因人而異。有的靈魂可能會表達出對於財富的強烈渴望，希望通過獲得更多的紙錢來獲得心理上的滿足和安慰。而有的靈魂則可能對於財富的追求顯得冷漠，他們的關注可能在於情感連結和精神上的滿足。但無論如何，這些需求的根源都來自於生前對於金錢的認識和體驗。

當試圖理解靈魂的需求時，也是在學習如何更深入地理解自己。生前對於金錢的追求和依賴，是一種對於安全感和認同感的追求，這些追求在成為靈魂之後仍然持續影響著我們。

想像一下，如果你生在台灣但從小在法國長大，那些傳統的台灣文化，比如燒紙錢，對你來說可能完全陌生。每個人都有自己的生長背景和文化習慣，這些都會影響到我們對事物的看法和理解。

但即使你對這些傳統儀式不熟悉，當你面對要為逝去的親人進行祭祀時，沒有一定的規則說你非得按照某種方式來。最重要的是你的心意，你想以什麼樣的方式來紀念和懷念他們，那就用你自己覺得最放心、最貼心的方式去做。這本書就是想給大家一些不一樣的角度去看待這些事情。

我們每個人的生活經歷和文化背景都是獨一無二的，所以我們對於祭祀、對於紀念逝去的人的方式也應該是多元的。不必拘泥於傳統做法，更不用因為不了解某種儀式就感到不安或是有壓力。重要的是心意，是那份對逝去親人的思念和紀念。

所以，如果你在外國長大，對於台灣的一些傳統儀式不太熟悉，也不用感到不安。用你自己認為最適合、最能表達你心意的方式去做就好。

為逝去的人進行這些儀式的真正意義何在？我們不難發現，這些儀式更多是為了活著的人。

儀式提供了一種方式，讓我們可以在面對失去時找到一種心靈上的安慰和釋放。通過這些儀式，我們告訴自己和逝者，我們已經盡了最後的努力，這是心靈上的自我安慰，也是我們與死亡和逝者進行對話的方式。

我認為這些儀式是一種對話的方式。不，不是你我平常聊天那種對話，而是一種更深層的、心靈上的對話。它讓我們在面對死亡時，找到一種表達方式。所以，下次當你再參加這樣的儀式，或許可以換個角度看它。它是一座橋樑，連接著我們和那些離開了的人，以及內心深處的情感和記憶。透過儀式，我們學會了放下和接受，也許還會學會如何更好地繼續我們自己的生命旅程。

向過世的人獻上紙製的房子、車子，甚至是信用卡或咖啡會員卡等物品時，我們不免會想這些物品他們收得到嗎？現代社會隨著技術和想像力的進步，這些紙製品越來越精緻，越來越貼近生活，人們想要給予過世親人最好的一切，讓他們在另一個世界也能過得舒適和安心。

這種心理上的安慰，讓家屬能夠對逝者說：「我已經為你準備好了一切，你現在可以無憂無慮地享受那邊的生活。生前的辛勞和煩惱，現在都不再是問題了。」因此，無論是燒紙房子、紙車，還是任何形式的祭祀，心理安慰都遠遠超過了物質的價值。

生與死是同一枚硬幣的兩面，而我們對逝者的記憶和悼念，不僅僅是對他們的愛和尊重，也是對我們自己生命意義的探尋和確認。為心靈尋找一條前進的道路，學會接受、放下，並從中汲取力量，繼續我們自己的生命旅程。

靈魂的世界與我們並不遙遠。它們就在我們身邊，感受著我們的愛與思念。即

靈魂如何移動？

半夜的廢墟或是荒涼之處，在很多人的想像中總帶有神祕或恐怖色彩。大家可能會想，這些地方是不是像電影裡那樣，夜深人靜時，鬼魂四處遊蕩？他們靠近，我們全身起雞皮疙瘩？我的觀察告訴我，事實遠比這個簡單許多。

靈魂像是一種意識體，沒有實際的身體，所以理論上是不會影響物理世界的溫度或造成物體移動的。那麼，當人們說感覺到一股寒意，或是突然起雞皮疙瘩，這是怎麼回事呢？

人的身體確實像一個感知的雷達，當我們看不見的存在靠近時，這經驗有點像從一個冷氣房突然跑到外面炎熱的環境，那種溫度變化會讓我們感到不適。這不是因為靈魂本身有溫度，而是我們的「感知雷達」，或說第六感，捕捉到了某種超出常規感官的存在。我們每個人都裝備了這樣的雷達，但是當這些感知啟動時，許多人會本能地感到寒冷，甚至起雞皮疙瘩，這是一種生理反應，而不是靈魂帶來的實際「冷氣」。

這種生理反應經常被誤解為靈魂接近帶來的不祥之兆。但為何我們會有這種聯想呢？可能是因為過去的經驗或是文化中對於靈魂的刻板印象，我們往往對於看不見的、不熟悉的存在抱有天生的戒心，這種戒心或許來自於本能，也或許是文化和教育的結果。當我們感覺到「冷」或起了雞皮疙瘩時，我們的大腦會立刻搜尋一個解釋，而文化中對於靈魂和鬼魂的負面形象往往成為我們解釋這些生理反應的方式。

我常說人總會認為自家過世的人是神，需要被祭祀，但隔壁家過世的人是鬼，最好不要靠近。（笑）

然而，如果能夠開放心態，將這些生理反應視為一種對於超自然現象的感知能

力，而不是立即聯想到恐懼和不祥，或許能夠更加和諧地與這些看不見的存在共存。很多文化和宗教都有將死後的靈魂視為守護神或祖先的觀念，這些靈魂不是來自於恐懼或威脅，而是愛、指引和保護。

再來，關於靈魂是否只在夜晚出現的想法，基於我的經驗，靈魂並不是只在夜晚活動。靈魂隨時都存在的，他們不受時間的限制。從某種意義上來說，靈魂跟我們生活在同一個世界，只是我們通常感覺不到他們而已。

當我們談論靈魂的世界，就像是在為一場未知的旅行做準備。想像一下，如果我們有機會去一個全新的地方，我們從未踏足過，但終將到達的地方——死後的世界。這就像我們準備去歐洲旅行一樣，需要了解那裡的氣候、文化、需要準備什麼裝備，甚至還要知道那裡的風俗習慣，以便我們能夠更好地融入和體驗。

了解靈魂的存在和移動，對我來說就是探索和學習。透過溝通和觀察，可以對這個未知的世界有一些基本的了解。比如，靈魂出現的時間和地點是否有一定的規律？他們是如何選擇出現的地方？這些問題就像是我們試圖了解一個新國家的氣候一樣，是我們進入這個新世界前的基本準備。

在我的經驗中，靈魂的出現並不受時間和空間的限制，他們可以在任何時間、任何地點出現。但是，他們出現的時機往往和某些特定的情感、記憶或是能量有關。就像是當我們在某個地方感受到強烈的情感波動時，那裡的空氣感似乎也會因我們的情緒而改變一樣。靈魂的出現，有時是為了給予安慰，有時是為了傳達訊息，有時則僅僅是因為那裡有他們想要回到的記憶。

就像是旅行前的準備，了解這些關於靈魂的基本知識，可以幫助我們在面對未知的死後世界時，有一定的心理準備。通過了解靈魂的移動和存在，我們可以學會如何在生命這場旅行中，更加珍惜每一個瞬間，更加深刻地理解生命的意義。

想像一下，你正在看一部恐怖電影，銀幕上的鬼魂幾乎都是飄浮著的，除了那些讓人毛骨悚然走跳的殭屍。這時你可能會好奇，為什麼在大多數鬼故事裡，鬼魂的腳是看不見的？

讓我們先來談談行走。在生活中，很少會刻意注意自己是用右腳還是左腳先行。走路時，往往是自然而然的，不需要太多的思考。但是當與靈魂溝通時，我發現他們在「行走」時的呈現方式，似乎和他們生前對於行走的意識有很大的關聯。

根據我的觀察，靈魂在顯現時往往不會展示他們的腳或是行走的具體動作，這可能是因為，作為靈魂不再受制於物理世界的規則，例如重力。移動更像是一種意念的轉移，而非物理上的步伐移動。所以，當我們說靈魂「飄浮」時，是在描述他們在缺乏物理限制的狀態下的移動方式。

這種移動方式可能也受到他們生前對於行走的意識影響。如果一個人生前經常意識到自己的步伐，可能在他成為靈魂後，這種意識在某種程度上仍會影響他的靈體呈現。換句話說，靈魂的移動方式，就像是他們生前行走意識的一種延續。

這裡有一個有趣的思考：我們的身體行為和意識，是否會在我們離開這個物理世界後，仍然以某種形式影響我們的存在？從我和靈魂溝通的經驗來看，答案似乎是肯定的。靈魂的呈現方式，不是隨意的選擇，而是他們生前行為和意識的自然延續。

那麼，下次當你注意到自己的步伐時，或許可以想想，這可能在未來以一種你從未想像過的方式，影響著你的靈魂樣態。

靈魂在離開肉體後，會進入一個全新的存在狀態。但這個狀態並非我們想像中的自由自在，能夠無障礙地穿越物理空間。尤其是對於剛剛離開肉體的靈魂來說，他們面對的是一個全新的學習過程，其中包括如何在沒有物理身體的情況下與物質世界互動。

舉個例子，靈魂要通過門。在生前，開門是一件極為簡單的事情，因為我們有肉體，有手可以觸碰門把，然後輕而易舉地將門打開。但在離開肉體後，靈魂面臨的是全新的挑戰：如何在沒有手的情況下通過門呢？

很多靈魂在剛剛過世後，會選擇待在門旁邊。這背後的原因是什麼呢？首先，他們還未習慣自己的新狀態，不知道如何在沒有物理身體的情況下穿越門。這種情況下，他們會等待，等待有人經過並打開門，讓他們有機會通過。這個等待的過程是一種心理上的依賴，一種習慣於生前物理互動方式的延續。

然而，當沒有人來打開門時，靈魂面臨的是一個選擇：繼續等待，或是嘗試以一種新的方式通過門。這時候，靈魂開始意識到自己的新能力——通過意念穿越物理障礙。這個過程需要練習。靈魂通過反覆嘗試，慢慢學會如何利用自己的意念，實現穿越門的目的。

有人生前因為某種原因，比如某部分肢體的殘缺，走路時會感到不方便。但是，當這個人變成靈魂，這種身體上的限制還會存在嗎？從我與靈魂的溝通經驗來看，答案是有趣且複雜的。

如果一個靈魂在生前長時間處於走路不便的狀態，並深深覺得自己因此而受限，那麼在靈體的呈現上，可能仍然會展示出走路不便的特徵。這不是說他們在靈界仍然需要行走，而是他們的自我意識仍然牢牢地捆綁在生前的身體經驗上。如果一個靈魂即使生前行走不便，但其意識並不把這視為一種限制，那麼這個靈體就不會展現出行走不便的樣子。

這裡的關鍵在於，靈魂的自我意識和自我接受程度如何影響他們在另一個世界的存在方式。內在的感受和認知，塑造了我們如何看待自己，甚至影響了靈魂狀態的存在方式。

當我們能夠超越身體的限制，真正地接受自己，我們就開始了向更高層次的自我轉化，這個過程不會因為生命的終結而停止！

有時候，人們會對靈魂或我們稱之為的「鬼魂」有很多誤解和恐懼，特別是當想像到靈魂可能會突然從某處飄過，或者在夜深人靜的時候突然出現。在我看來，靈魂的存在和移動並沒有電影中那麼戲劇化，也不是要刻意去嚇人。實際上，靈魂就像是另一種形式的存在，他們在自己的世界裡生活，與我們這個物質世界平行存在。

就像我們日常生活中走路，靈魂的移動多是他們自身活動的一部分。如果生前某人走路速度較慢，那麼他們的靈魂移動起來可能也會相對較慢；反之，如果生前走得快，那麼他們的靈魂移動速度也可能較快。

想像一下，如果你能夠隨心所欲地瞬間移動到任何地方，不受物理限制的束縛，那會是怎樣的體驗？對我來說，這不僅僅是個想像的問題，而是我在與靈魂溝通時經常遇到的現象。靈魂的存在方式遠比我們常規理解的要自由許多。

靈魂的瞬間移動確實存在。在我的經驗中，靈魂能夠如閃爍般地出現在空間的任何一個角落。如果靈魂想念過去旅行時去過的國家，他們可以在想到那個地方的瞬間就立刻到達那裡；同樣地，如果他們突然又想回到自己的家，即便距離再遠，他們也能在一瞬間回到家。

那麼，如果家已經不復存在了呢？這是一個我經常被問到的問題。許多人擔心，如果他們的老家因為時代的變遷而被拆除，那麼那些靈魂該如何「回家」？對於靈魂來說，「家」的概念與物理空間的存在不再是一回事。即使原來的房子已經不存在，靈魂回到那個地點時，仍然能夠感受到自己在家的感覺。他們在這個空間中的行動，比如走進廚房或臥室，都是基於他們對過去家的記憶和感受。

當我們離開這個物質世界，變成另一個維度中的意識體時，我們的存在會持續多久呢？在我的經驗中，我遇到的一些靈魂，他們在地球上的存在已經超過了百年。這引發了我的好奇心：靈魂的存在是否真的是永恆的？

在對這個問題的探索中，我發現了一個非常有趣的現象。當一個家庭中記得這個靈魂的所有人都已經離世，這個靈魂也開始逐漸忘記了自己是誰。這個發現讓我非常驚訝，它與《可可夜總會》（Coco）這部電影中的描述有著驚人的相似之處，讓我不禁懷疑，在電影製作的幕後是否有通靈的智慧參與。

這種發現引導我深入思考，我們作為意識體，在不同的空間維度中的存在，其實是一個連續且互聯的過程。除了關乎身體的離去，更關乎於記憶、愛和連接的持續。我們在這個世界所做的一切，所愛的人，及我們留下的記憶，都以某種方式影響著我們作為靈魂的存在。

因此，即使在靈魂的狀態下，我們的存在感、記憶和身分感如何被家庭和愛的連接所維繫，成了我探索的重點。當這些連接消失時，靈魂似乎也開始失去對自己身分的記憶。這一發現促使我們了解，如何在生前建立和維護那些將影響我們死後存在的重要連接。

——

最後忘記的是自己的心理性別，但靈魂並非消失，只是什麼都不太記得了。

——

在與靈魂的溝通中，我學到了許多關於靈魂如何在不同空間移動的知識。其中一個最引人入勝的發現是靈魂的移動與其過去記憶和意念密切相關。

我發現靈魂的存在和行動模式與人們普遍認知的大有不同。特別是當靈魂遇到未曾經歷的新事物時，他們的反應和互動方式顯示出靈魂世界的獨特性。

當靈魂被家屬召喚至一個他們生前未曾踏足的異地，他們對於當地的食物和環境並沒有直接的感受或記憶可以依賴。在面對未知的食物時，靈魂往往會借助於生前的記憶和家屬的情感反應來「品嚐」這些新奇的食物。這一過程顯示了靈魂與家屬間深厚的情感聯繫，也揭示了靈魂世界的獨特運作方式。

值得注意的是，靈魂無法自行移動到他們生前未曾經歷過的地方。這一點強調了靈魂世界與物理世界的連結受限於其生前的經驗和記憶。然而，透過與在世家屬的情感連結，靈魂可以間接地體驗到新的地點和經歷，這種跨越生死的溝通和互動，豐富了我們對於靈魂存在的理解。

然而，如果逝者的家人或朋友訪問了一個新的地方，並在那裡呼喚他們的靈魂，那麼靈魂似乎能夠通過這種連接到達那裡。這顯示了靈魂與在世家人之間的深厚聯繫，即使是在死後世界，這種連結仍然強大且有意義。

這個發現讓我想到，靈魂世界並非完全與我們的物理世界隔絕。相反，兩者間存在著某種形式的互動和溝通。靈魂透過回憶和情感的力量，跨越物理空間的界限，訪問對他們來說有意義的地方。這也代表著，我們的記憶和情感塑造了我們生前的經歷，也在某種程度上影響著我們死後的旅程。

這或許也解釋了靈魂不會常駐於自己生前不曾去過、但往生後卻被家人認為是其安居之所的墓地或靈骨塔的原因。在家人去掃墓祭拜時，靈魂被召喚到墓地，接受祭祀，但之後又會到他想去或被牽引的地方，不會把墓地當成永棲之地。

對我來說，旅遊一直是一個特別的活動，因為我能夠體驗各地的文化和自然之美，而且還因為我有機會感受到那些地方獨有的「地氣」——一種特殊的能量場，它能夠幫助我調整自己的能量狀態。透過沉浸在這些能量場中，就好比人們泡溫泉般，能夠得到一種身心的放鬆和再生。

除此之外，我在旅行中經常會遇到各國的靈魂，他們會出現在各種不同的地點。我發現，靈魂的移動方式並不像大眾所認為的那樣，需要我們告訴他們

「上飛機」或「下飛機」，或者是透過某種特定的話語才能夠讓他們移動到另一個國家。事實上，靈魂的移動更加自由和靈活。

靈魂的移動不受物理空間的限制，他們可以根據自己的意願和思念，瞬間出現在任何他們想去的地方。這種能力顯示了靈魂與物理世界截然不同的存在方式。在我的旅行中，我見證了靈魂如何在不同的文化和地理環境中顯現，從寧靜的山谷到熱鬧的市中心，每個靈魂都有他自己的故事和他選擇停留的理由。世界上存在著比我們所見所感更加廣闊和深奧的維度。每個人都是這個宇宙奧祕的一部分，無論是在物理形態還是靈魂狀態下。透過開放我們的心靈，便能理解和尊重這些看不見的存在，並從中學習到生命的深刻意義和價值。

靈魂的視覺與記憶

當我們談到靈魂如何「看見」這個世界時，很多人可能會誤以為靈魂能夠像活人一樣，看到我們的每一個動作、衣物變換，甚至是家裡的擺設變化。但實際上，靈魂的視覺和我們所理解的視覺大有不同。

我們需要明白，靈魂的「看見」常是基於對過去記憶的提取和在世之人的感受上的讀取。這表示如果靈魂在生前沒有經歷過某件事、沒有看過某樣物品，他們在離開肉身後，對於這些新出現的狀態、人事物的感知會相當有限。換句話說，靈魂的視覺不是通過眼睛接收光線形成的影像，而是透過感受和記憶來「看見」。

例如，如果家裡添置了新的家具或裝飾，而這些是靈魂生前未曾見過的，他們就無法像我們一樣直接在視覺上「看到」這些變化。他們「看見」的過程，更像是透過在世之人對這些新事物的感受和反應，間接地感知這些變化。換言之，靈魂對於現實世界的認識和感知，大部分是建立在與在世之人情感連結和記憶共鳴的基礎上。

這也解釋了為什麼有些人會說，他們感覺到過世親人在特定時刻「陪伴」在身邊，尤其是在進行一些具有紀念意義的活動時。這些時刻靈魂透過在世之人的感受，感知到了這份情感的流動和連結，而非直接看到實際發生的事情。

其中一個令人好奇的問題是：靈魂如何感知在世家屬的祭祀和生活中的大事，比如家中新增的成員。從我的經驗來看，靈魂對這些事物的感知並不像我們想的那麼直接或清晰。

首先，當家屬進行祭祀時，靈魂感受到的不是桌上食物的具體細節，而是透過家屬的情感能量和對這一行為的認知來感知這一活動。靈魂必須努力去「讀取」家屬對於祭祀的情感投入和意義，而非直接看到食物本身。這一過程對靈魂而言是充滿挑戰的，因為他們不再擁有肉身，無法像活人那樣透過五官直接感受物理世界。

當家中迎來新生兒時，靈魂能感受到的主要是家屬的喜悅和愛，這種情感的能量對他們來說是最容易接收的。但對於具體事件，比如寶寶的長相、性格等細節，靈魂的了解可能就非常有限了。他們對於這些新發生事情的認知，大多依賴於家屬的情緒反應和對這些事件的感受。

我在嘗試讀取靈魂視覺的過程中發現，靈魂世界的「視覺」與我們的世界大相徑庭。他們看到的世界往往是模糊的，有時只能勉強捕捉到一些情感的波動或是與他們有深厚情感連結的家屬的反應。靈魂並不能像一台攝影機，記錄下家中發生的每一件事。對他們而言，最容易接收和感知的是情感能量，特別是那些與愛、喜悅或悲傷相關的強烈情感。

至於靈魂記憶的研究對我來說是一個挑戰，也是我探索靈魂世界時最讓我頭痛的部分。靈魂記憶的概念涉及到靈魂是否保留生前的記憶、這些記憶如何影響他們的靈魂狀態，以及靈魂如何透過這些記憶與世界互動。這些問題的複雜性促使我深入研究醫學和心理學對於記憶的理解，以期找到一些解答。

從醫學角度來看，記憶是大腦中存儲和回憶資訊的功能，分為短期記憶和長期記憶。我們通過感官體驗世界，而這些體驗被轉化為神經信號，進而在大腦中形成記憶。但當談到靈魂記憶時，我們進入了一個未知領域，因為靈魂不再依賴於物理大腦來存儲記憶。這引出了一個問題：如果記憶不再由大腦物理結構存儲，那麼靈魂如何保留記憶？

我發現靈魂記憶似乎更多依賴於情感和能量的形式。靈魂記憶不是以傳統意義上的圖像或事實序列存在，而是體現為深刻的情感體驗和與特定事件相關的能量印象。這種記憶形式允許靈魂回顧生前的關鍵時刻，但這些回顧可能不那麼具體或詳細。

此外，靈魂的記憶可能也受到他們當前意識狀態的影響。一些靈魂可能會選擇保留特定的記憶以助於他們在靈魂層面的成長，而其他記憶則可能隨著時間淡出，特別是那些與他們靈魂旅程不再相關的記憶。

在我與靈魂溝通時，我經常遇到家屬希望靈魂能記得許多細節，如小名、暱稱、家庭住址甚至電話號碼。然而這對於靈魂來說，是一項極其艱難的任務。原因在於靈魂的記憶機制不再依賴於生前的大腦組織，那個曾負責存儲、處理和回憶所有訊息的物理基礎已經不存在了。

當一個人離開肉身，其所依賴的神經系統和大腦結構也隨之消失。在生理上，記憶是通過大腦的神經網絡形成的，特定的細胞互動和化學物質的釋放共同作用於記憶的形成和回憶。但對於靈魂而言，記憶不再是通過這種物理和化學的形式來存儲或回憶的。靈魂的記憶常是基於感受、情緒和能量的印象，而不是具體的事實和數據。

我發現家屬們經常希望透過我來獲得一些具體的訊息，例如過世親人的手機密碼或保險箱密碼。他們認為如果能夠得到這些訊息，就像是從過世的親人那裡得到了某種證明一樣。我完全理解這種渴望和這背後的情感驅動。然而，實際上要通過靈魂溝通來獲取這樣具體的訊息，是非常困難的。

靈魂的時間觀

許多剛過世的靈魂最先驚訝地發現自己不再需要睡眠，不會感到疲倦或飢餓。這種變化對於剛踏入靈魂世界的他們來說，是深刻的認知轉變。他們開始意識到，生理需求不再約束他們，時間的概念也與他們無關。

想像一下，如果你不再需要睡覺，不用吃飯，也不需要休息，那你的生活會是什麼樣子？對於我們這些活在肉體裡的人來說，這聽起來可能像是超級英雄的能力。但對於剛剛離開肉體，進入靈魂狀態的存在來說，這就是他們的新常態。

從科學角度來看，物理世界中時間是連續的，受到地球自轉和公轉等天文現象的影響。我們人類對時間的感知是透過生物鐘和日夜節律來調節，這一切都依賴於我們的生理機能。而靈魂是一種超脫於肉體的存在形式，這意味著所有與肉體相關的生理機制——包括對時間的感知——都不再適用。靈魂對時間的感知可能變得模糊不清，甚至完全失去了時間感。

想想看你家的貓咪或狗狗晚上睡在你腳邊的樣子，牠們有時候會突然起來四處走走，好像對牠們來說，夜晚和白天沒什麼兩樣。對於剛成為靈魂的存在來說，情況也差不多。他們不再需要休息，因為他們不會感到疲倦。當家裡的人都沉沉睡去，靈魂還能自由地在家中四處遊走，觀察睡夢中的家人。這種感覺，既有點神奇，也有點寂寞。

再來談談時間。我們每天都被時間推著走，早上起床工作，晚上回家休息，周而復始。但對於靈魂來說，時間就像被拉成了一條直線，沒有明確的節點分割早上、下午或晚上。如果你有一天突然不用上班、不用上學，也不用擔心任何期限或約會，時間對你來說會變得多麼模糊？靈魂就是這樣，他們生活在一個沒有時間壓力的世界裡，但這也表示他們失去了生活的節奏，每天都是無窮無盡的時光。

如果你在一個沒有任何社會壓力、生理需求，甚至是時間感知的環境中，你會做什麼？對於剛剛踏入靈魂世界的存在來說，他們經歷了從肉體到純粹意識體的轉變，這樣的環境變化帶來了極大的自由度，但同時也伴隨著一種前所未有的孤獨感和不確定性。

當我們活著的時候，生活充滿了目的和任務——從日常的工作到長期的人生目標。我們忙碌於滿足生理需求、追求職業成就、維繫人際關係。但對於靈魂來說，這一切突然間都不再適用。他們不再需要吃飯、睡覺，也不需要工作賺錢。這樣的轉變，讓許多靈魂在適應新狀態的過程中，經常處於一種「發呆」的狀態。

在這種狀態下，我常觀察到靈魂可能會在某個地方靜靜地坐著，看著周圍的世界，但他們的思緒可能正飄到遙遠的地方。沒有時間的壓迫感，他們不必擔心錯過任何事情；沒有生理的束縛，他們不再受到飢餓或疲勞的困擾；沒有社會的壓力，他們不需要證明自己的價值。這種狀態可能看起來像是發呆，但對於靈魂來說，這是一種新的狀態——純粹的存在，不受任何外界因素的影響。

當一個靈魂在物質世界的所有熟悉連結都已經斷裂，當記得他的人都逝去，這個靈魂會漸漸忘記自己是誰。這種遺忘是記憶的流失，更是存在感的消褪。

在這樣的狀態下，靈魂的時間感受可能與我們在物質世界的經歷截然不同。傳說中的「天上一天，人間一年」在這裡似乎找到了某種形式的對應。靈魂在他們的存在層面上，可能體驗到的每一刻都延伸成無限，每一瞬間都充滿了永恆。當我試圖用我們有限的時間觀念去理解這種狀態時，我發現自己站在了認知的邊緣，面對著一個無法完全揭示的神祕。

我發現當靈魂因為家人的呼喚而暫時離開這種狀態，他們可能會回到一個更「活躍」的存在形式，但這種改變通常是短暫的。他們很快就會返回那個純然的狀態，再次沉浸在對時間流逝無感的境界中。這種經歷對於靈魂來說，可能是一種極致的自由，但對於仍然活在時間流中的我們來說，可能會認爲那是難以想像的孤獨。

對於靈魂而言，「忘記自己是誰」並非刻意，這是存在的轉化。他們從個體的自我轉變為純粹的意識形態，不再被個人歷史和身分所限制。在這個過程中靈魂隨著時間會發現新的自我認識方式——超越了物質世界的束縛和限制的存在方式。

我們的生命，我們的存在，到底是為了什麼？是不是只有通過記憶和經歷，我們才能找到生命的意義？或者，就像那些自由漫遊的靈魂一樣，真正的意義，超越了物質世界的限制？

在我「靈魂事務所」中開設的靈魂療癒課程，旨在探討靈魂的各種狀態和現象，並與學員分享我個人的觀察和理解。我的目的不僅僅是傳遞知識，更重要的是要消除人們對於靈魂世界的恐懼和誤解。我發現，人們對於靈魂的恐懼往往源於未知和被媒體描繪的負面形象。通過教育和開放的對話，我希望能夠幫助人們以更平和及理性的眼光看待這個主題。

在課堂上最常被學員問的問題就是到底有沒有「鬼門開」？

我發現在世界各地有些國家也會有跟靈魂相關的節日，從各地文化中關於靈魂的節日，我們可以看到人類對於生與死以及之後的存在，有著不同的理解和態度。

比如說墨西哥的亡靈節。這是一個充滿色彩和生命的慶祝活動，人們相信在這一天，逝去的親人會回到物質世界中來與他們共度良宵。家庭會製作彩色的祭壇，上面放滿了逝者喜愛的食物、飲料以及物品，這是對逝者的紀念，也是對生命循環理念的慶祝。

在亞洲，特別是華人世界有中元節，這個節日也被稱為鬼節。在這段期間，人們相信鬼門會開啟，讓所有的餓鬼和遊魂有機會回到人間尋找食物和慰藉。家庭會燒紙錢、準備食物以及舉行儀式，以此來慰藉這些靈魂，希望他們能夠得到平靜，不再遊蕩。

在西方，萬聖節前夜則是另一種與靈魂相關的慶祝方式。雖然現代的慶祝方式更偏向於裝扮和派對，但其根源是關於紀念逝者和保護生者免受邪靈侵擾的古老傳統。

這些節日和傳統除了是文化的展現，更是人類對於靈魂世界的理解和尊重，並提醒著我們，死亡不是生命的終結，而是另一種形式的存在。透過這些節日，我們學會如何以不同的方式來紀念和尊重那些已經離開我們的親人，同時也學習到生與死之間的深層聯繫。

說回「鬼門開」，許多人好奇，「鬼門開」是否真的意味著靈魂可以自由地穿越我們的世界與他們的世界之間，並且這是否是他們與生前親人相聚的特定時刻？

我發現靈魂世界與我們所認知的物理世界是以不同的規則在運作。靈魂的存在不受我們物理世界時間和空間的限制，他們的感知和溝通方式遠超乎我們的想像。我們所說的「鬼門開」，實際上是一種文化儀式和集體回憶的象徵，而非實際的門戶被打開。

靈魂與人間的聯繫，是建立在情感和意識的層面上。他們能夠感受到人類的情感波動，尤其是在特定的節日或儀式中，人們集體的思念和祈禱創造出一種強大的能量場，這使得靈魂更容易「感應」到我們的存在。這不是因為某個門被打開，而是因為我們的集體意識與愛，透過集體祭祀創造了一座橋樑。

我從未親眼見到所謂的「餓鬼」，這些形象很可能是人們對於未知的恐懼和想像的具象化。在我與靈魂的交流中，感受到的是他們對於生前家人的思念與關懷。當我們進行祭祀和紀念儀式時，發出的是一種慈悲和思念的訊息，這訊息被靈魂感知到而聚集，並非他們因為某個神祕的門被開啟而聚集。

幼兒靈魂的狀態

我有機會深入與靈魂進行溝通，其中包括許多幼兒的靈魂。這些經歷讓我發現，幼兒靈魂與成人靈魂之間存在著明顯的不同。幼兒在生前的經驗和智慧累積相對較少，他們的世界觀通常非常簡單純粹，對他們來說，有零食吃、有玩具玩就是快樂的全部。這裡我主要指的是學齡前的孩子們，他們還沒有經歷過太多學習的壓力和複雜的人際關係。

這樣的幼兒靈魂對於死亡的概念理解相當薄弱，他們的存在似乎更依賴於與父母的情感連結。只要這些幼兒靈魂感受到父母仍然記得他們、想念他們，他們就能感到滿足和安心。這種簡單的情感需求反映了幼兒靈魂的純真無邪，他們的世界觀與成人相比，更加直接和單純。

這讓我深深感受到，幼兒的靈魂存在一種特殊的純潔和天真，他們對於周圍世界的認知和感受方式與成人截然不同。在他們的世界裡，愛和被愛是最重要的，只要有父母的愛，即使在靈魂的狀態下，他們也能感到滿足和幸福。

這些發現讓我更加認識到，無論是生前還是死後，對於幼兒來說，父母的愛和關懷始終是他們最重要的依靠。即使在他們成為靈魂，這種情感紐帶仍然緊緊地將他們與這個世界連接在一起。對於仍在人世的人來說，即使無法再與他們以肉眼相見，通過我們的記憶和思念，也能為他們的靈魂帶去溫暖和安慰，讓他們在另一個世界中也能感到被愛和珍惜。

剛離開肉身的幼兒到學齡期孩童的靈魂，狀態各有不同。當我與學齡期孩童的靈魂溝通時，我能感受到他們生前經歷的學習壓力和各種感受，這些靈魂展現出的是他們生前的記憶和情感。在這個階段，家屬的內疚和自責感依然是我溝通時不可或缺的一部分，父母常常會問自己是否做得夠好，是否能讓孩子感到滿足和快樂。

然而，當我轉向與那些在母親肚子裡就離開的寶寶溝通時，我發現了一個非常不同的狀態。這些靈魂的存在幾乎如同一個淡淡的光點，沒有太多的生前記憶和情感，因為他們根本就沒有機會經歷生活中的喜怒哀樂。在這種情況下，談論嬰靈會怨恨或復仇似乎沒有根據。實際上，這種想法常是來自於父母內心的愧疚和自責。

有人問我，嬰兒是否有靈魂？我的回答是肯定的。即使是在母親肚子裡就離開的寶寶，他們也有自己的靈魂。雖然他們的感知能力可能遠不如出生後的幼兒，但他們對自己的身體狀態和周圍環境依然有著某種程度的感知。這些靈魂存在於一種非常純淨和原始的狀態，沒有太多的生前記憶或情感的糾葛。

在這裡，我想對所有經歷過失去未出生孩子的父母說，你們的寶寶在另一個層面上是安全的。他們不會因為未能來到這個世界而對你們懷有任何的怨恨或不滿。對於這些靈魂來說，最重要的不是他們未能體驗的生活，而是他們存在的本身就是一種純粹的愛和希望的象徵。

所以，當你們悲傷和內疚時，記得這份純潔無垢的愛始終與你們同在，即使是在最黑暗的時刻，這份愛也會成為你們前行的力量。

我發現那些在世時留下深刻遺憾和疼痛的靈魂，他們在死後的世界中仍然帶著這些未解的情感。這是對逝者本身的一種情感束縛，同時也是對生者的深深牽掛。家屬的遺憾，他們的疼痛，和他們對逝者未能表達的愛，這些都成為靈魂世界中無法解開的糾纏。

特別是當我溝通到年幼的靈魂時，他們純淨而未經世事的本質讓我更加感受到家屬遺憾的重量。這些小小的靈魂們對生命的理解還非常有限，對於死亡的認知也非常模糊。對他們來說最重要的不是自己的感受，而是他們的家屬是否能夠找到內心的平靜和釋放。這種情感的傳遞，是對逝者的告別，也是對生者的慰藉。

關於託夢

有時候，人們會覺得跟自己關係深厚的人過世後，應該會在夢中來看望自己，但事實上情況往往並非如此。有些時候可能是我們生前不那麼親近的親戚，像是某個以前沒有那麼常往來的叔叔或阿姨，在我們的夢中出現，甚至是特別來傳遞訊息給我們。這讓不少人感到困惑：為什麼跟我們親近的人不來，反而是這些比較遠的人物在夢中出現呢？

這裡涉及到託夢的真實性和困難度。首先要明白的是，靈魂通過夢境來與我們溝通，這需要一定的能量和意念。並不是所有的靈魂都能輕易做到這一點。而且，有時候靈魂選擇通過某個特定的人來傳遞訊息，可能是因為那個人的心靈比較開放，或是有某種特定的緣分使得訊息更容易被傳遞。

我非常希望能教會靈魂託夢。如果能夠達成這一點，那麼與過世親人的溝通就會變得更加直接和容易。想像一下，如果不需要透過像我這樣的靈魂溝通師中介，你就能直接在夢中與你想念的人對話，那會是多麼美好的事情。這樣的夢境相遇，可以幫助我們緩解思念之情，也讓我們感受到那份無法用言語表達的安慰和愛。

透過靈魂溝通，我遇見了一個特別的小朋友。他雖然年紀不大，但在託夢方面卻顯得異常高超，這讓我對託夢這件事有更深入的理解。從這個小朋友的案例中，我發現靈魂託夢並不是隨意發生的，首先取決於靈魂自己的意願。靈魂需要有明確的意圖和願望，才會選擇通過夢境來與我們溝通。

接著，託夢還涉及到一定的技巧，特別是與人們的睡眠狀態有關。我發現在深層睡眠和淺層睡眠之間的轉換時刻，是一個能量交換的關鍵時間點，這個時候最適合靈魂進行託夢。這解釋了為什麼有時候我們會突然從一個深刻的夢中醒來，感覺就像是剛剛經歷了一場非凡的旅程。

根據我目前收集的案例和研究，如果一個人的睡眠較為淺眠，很難進入深層睡眠，那麼他們遇見靈魂託夢的機會也會相對較小。這可能是因為深層睡眠階段是我們大腦進行整理和恢復的關鍵時刻，也是靈魂與我們溝通的最佳時機。

許多人認為當我們經歷託夢時，是因為靈魂創造了一個專門的夢境來與我們溝通。然而，經過仔細的觀察和分析，真相似乎恰恰相反。我發現，靈魂其實很難直接創造或操控夢境。相反，他們是進入了我們的夢境，透過我們的夢境與我們進行交流。

這一發現帶來一個重要的啟示：當靈魂試圖與我們託夢時，他們是利用了我們夢境的一個「時間交會點」，夢境成為了一個平台，靈魂利用這個平台，嘗試在這個共享的空間內與我們相遇。這個過程對靈魂來說並不容易，他們需要找到正確的時機和方法，才能進入我們的夢境並與我們產生交流。

從這個角度來看，託夢更像是一場精心安排的會面，而不是靈魂單方面創造的情境。這也解釋了為什麼有時候我們會夢見過世的親人或朋友，但夢境的背景和情境卻是我們自己的記憶或想像。換句話說，靈魂進入了我們的夢境，但夢境本身仍然是由我們的潛意識所創造。

這一發現對於我們理解託夢提供了新的視角。除了顯示出靈魂與我們溝通的複雜性，也強調了我們自己在這一過程中的作用。夢境和潛意識不僅是內心世界的反映，同時是靈魂與我們溝通的舞台。

關於抓交替和卡陰

站在靈魂觀察者的角度，我深深體會到每一次靈魂溝通的重量和深度。在做巡迴的靈魂療癒課程中，我遇見了各種各樣的家屬，他們帶著對逝去親人的思念、疑問，甚至是罪惡感或內疚來找我。其中一個特別讓我難忘的案例，是一位年輕女士帶著淚水和絕望前來，希望通過我與她自殺過世的男友溝通。

當我感受到那位年輕男子的靈魂。他的能量是如此清晰而又平靜，與女士眼中的絕望形成了鮮明的對比。他向我傳遞了一個訊息——他的離開是出於他自己的選擇。這樣的訊息對於一個仍然沉浸在深深悲痛中的人來說，是多麼難以接受。女士抬起頭來，眼中充滿了淚水，她堅定地說：「我相信那是被抓交替。」在那一刻，我的心也跟著顫抖了。我面臨著艱難的選擇：是直接傳達靈魂的真實訊息，還是順著她的信念，給她一個可以依靠的理由？

我選擇了一條中間的路。我告訴她，有時靈魂的選擇超出了我們的理解範疇。我鼓勵她記住與男友間美好的時光，並試著從這段經歷中找到一絲光明。我告訴她，不論是何種原因導致他的離去，重要的是他們曾經擁有過的愛，以及她如何選擇以這段愛繼續前行。

站在陰陽兩界的門檻上，我每天都在為生者和亡者間搭建一座溝通的橋樑。這份工作既是神聖的職責，也是深刻的糾結。我既要保持中立，又要維繫情感的連結，這種狀態讓我時常感到自己被拉扯在兩個世界之間，無法完全融入任何一方。

當我閉上眼睛，深入那條靈魂的通道，我能感受到來自另一個世界的訊息，清晰而深遠。這些訊息來自於那些已離開肉體的靈魂，他們希望通過我傳遞他們未竟的話語，或是對生者的安慰和指引。然而，當我睜開眼睛，回到這個物質世界，我面對的是那些仍然掙扎在悲傷和失落中的生者。他們對於失去的親人

充滿了思念，渴望能夠再次感受到他們的存在。

在這條陰陽兩界的界線上，我必須學會如何處理來自兩個世界的壓力和期望。這是一種生命的考驗，我得學會如何平衡這兩個世界的需求，如何在不破壞靈魂世界的規則下，為生者提供慰藉和解答。這需要極大的智慧和同情心，以及對生命深刻的理解和尊重。

有時候我會感到無比的孤獨，因為我所處的位置讓我無法完全被任何一方理解。生者看不見我所看見的，亡者感受不到我所承受的重擔。這種獨特的存在感，讓我時常反思自己的角色和使命。

然而，每當我能夠幫助一個靈魂找到平靜，或是讓一個生者找到安慰，所有的糾結和重擔都變得值得。

當我們談論到「卡陰」，或所謂的被鬼魂附身，這樣的話題往往引發了許多人的恐慌和不安。我想要深入分享我的觀點和發現。

我認為每個人內在都擁有一股能量和自我意識。這股力量是強大的，以至於任何外來的負面影響，包括那些我們所說的「鬼魂」，都很難對其造成實質的侵犯。這不是說超自然現象不存在，但我們必須理解，人的心理和情緒狀態在許多情況下對這些現象有更大的影響力。

在不同文化和靈性實踐中可能有不同的解釋，但「卡陰」通常被理解為一種靈魂或鬼魂附身的狀態。

每個人都有自己的能量場或是光，能量場是由個人的情緒、思想和身體健康狀態共同塑造的。當一個人的能量場強大且積極時，他們自然會更加抵抗那些低頻、負面的能量——包括所謂的「卡陰」。

遇到所謂「卡陰」時，往往是個人能量場受到某些外在因素影響，可能是情緒低落、生活壓力過大或是身體健康狀況不佳，這些都會使個人的能量場變得脆弱，更容易感受到那些低頻的能量。但這並不表示靈魂就能夠輕易地「卡陰」或附身。

靈魂要想真正影響一個人，需要有一定的條件。這其中最重要的是個人的意識開放度和接受度。如果一個人堅定不移，擁有強大的內在信念和正面能量，那麼無論是神明還是鬼魂，都難以對其造成實質的影響。

這也帶來了一個思辨的問題：如果人的自由意識如此強大，那麼為何還會有人經歷「卡陰」的感受？這是否意味著在某種程度上，個人在無意識中開放了自己的意識，允許了這種能量的滲透？

在此需要提醒，身體意識上發生了狀況建議先就醫，了解自己是否在生理上出了問題，再去考慮靈性面的狀態。

當然，這不是說我們應該忽略那些感受到「卡陰」影響的個案。相反，這需要我們更加關注個人的心理和情感狀態，加強自己的內在力量，從而提升自我保護的能力。這不僅是在對抗某個外在的「卡陰」現象，更是在幫助個人發現並發揮自己內在的力量和潛能。

所謂「卡陰」，其實是指不同頻率的能量——包括靈魂——通過意念來影響我們。意念既是一種訊息，也是一種能量。如果我們不去注意它，不給它能量，它就會自然消失。

換句話說，如果你不去想這些負面的東西，不去相信它們存在，或者不認為它們會對你有影響，那麼這些負面的能量就會被斷開，不會再困擾你。

從科學角度來看，我們的大腦有個特性，叫做「注意力偏向」，也就是說我們越是注意什麼，越會覺得它真實存在。所以，如果你把注意力轉移開，不去想那些負面的東西，這些感覺就會慢慢消失。

在我通靈看人的能量來說，這些頻率就會從人的靈魂織光的狀態下斷開。當我們不去「賦能」負面的意念時，這些負面的頻率就無法在我們的靈魂織光存在，最終會被斷開。這樣，我們的靈魂就能保持清晰和純淨，不受負面能量的干擾。

門神是否有用？鬧鬼是否存在？

當談到家神或門神的存在，其實觸及的是一種信念體系，一種文化裡長期形成的保護儀式。從靈魂觀察者的角度來看，這些儀式和象徵的力量並不僅在於其物質表現，更在於背後所代表的意念和集體信念的能量。

靈魂或意識體的存在與接近，的確是由他們自身的念想和未完成的願望所驅動。比如說，一個靈魂可能因為對其曾經生活過的地方懷有深深的情感連結而返回。這種情況下，他的回歸多是一種情感上的尋找，而非對當下居住在那個空間的人的任何敵意。

當人們問我供奉家神或門神是否能夠隔絕這些靈魂或防止不淨之物靠近時，我的回答是：這些象徵的存在確實能夠在某種程度上提供保護，但這種保護是來自於信念的力量和集體意識的積累。換句話說，當一個空間被賦予了保護的意念，那麼居住在這個空間的人也會在無形中得到一種心理上的安慰和能量的加持。

這並不代表靈魂就完全不能進入或被這些保護措施所阻隔。更重要的是，大多數靈魂並不會對生活在那個空間的人造成任何干擾。靈魂往往對這些人是完全無意的，除非正如我之前所說，居住者的某些行為引起了他們的在意。

記得有一次，我在朋友家聊天，正巧朋友的小孩走過。朋友隨口問了孩子一句：「你的功課寫完了嗎？」孩子回答說已經寫完了，然後準備離開。就在這時，我聽到旁邊的一個靈魂告訴我，孩子其實還沒有寫完功課。我便轉告小孩還有功課沒寫。小孩聽後明顯吃了一驚，隨即匆匆離去。

這件小事反映了靈魂並不是像一台攝影機，把所見的一切都記錄下來。他們只會關注那些真正在意的事物，小孩想偷懶的意念被靈魂在意，所以靈魂把這個意念轉告給我。

靈魂世界的運作方式遠比我們想像中要複雜。靈魂的關注點通常集中在他們在意的人或事上，而非持續不斷地監視著某個特定空間或人群。

更重要的是，這次經歷讓我再次意識到，與靈魂的交流並非僅是關於傳遞訊息那麼簡單，更是一種理解與共鳴的過程，通過這種過程，我們能夠更深入地理解靈魂世界的運作，以及靈魂與我們物質世界的互動方式。

當我們談論到家中出現所謂「鬧鬼」現象時，通常可以分為兩大類：一是與最近過世的親人有關的活動；二是無明顯原因，但家中出現不尋常的聲響或現象。

第一種情況，家屬們往往感到親切，甚至在某種程度上感到安慰，因為他們認為這是親人以某種方式與他們溝通。但對於第二種情況，即使沒有明確的證據顯示這些現象與靈魂活動相關，家屬們通常會感到恐懼，擔心是某種未知的「鬼魂」在作祟。

這裡有一個重點：我們每個人終將成為靈魂的這一事實，這意味著就像活著的世界中有著形形色色的人類個性一樣，靈魂世界亦然。如果將來某一天，我們自己成為了那個被認為在「鬧鬼」的靈魂，我們期望被怎樣對待？是被恐懼和排斥，還是被理解和接納？

這個角度的思考，讓我在處理這些所謂的「鬧鬼」事件時，採用了理解和溝通的方式。我嘗試幫助家屬理解，那些被誤認為是「不安分」的靈魂，可能只是在尋找一種方式來表達自己，或許是對過去的掛念，或是對當下家人的在意。

當然，這並不表示所有不尋常的現象都是靈魂活動所致。有時候，這些現象可能只是自然界或是物理環境的一部分，並不帶有任何超自然的意義。但在這一切中，我的工作不只是解釋這些現象，更重要的是幫助那些生活中被這些現象困擾的人找到心靈的平和。

靈魂們在失去肉身的束縛後，似乎得到了自由——自由地穿梭於空間、自由地觀察這個世界，但這份自由也伴隨著一種無法與活人直接溝通和互動的孤獨。

從我個人的觀察來看，靈魂對於能夠被活著的家人注意到，擁有一種強烈的渴望。這種渴望是因為他們仍舊保持著生前的習慣和個性，且他們希望能夠繼續參與家人的生活，即使是以一種看不見的形式。

有一次，我在醫院中觀察到一個靈魂試圖移動點滴架。對他來說，這是一項挑戰，畢竟他已經沒有了肉身，不能像生前那樣直接用手去觸摸和移動物體。當他終於成功時，他的喜悅之情溢於言表，彷彿是對自己能力的證明，也是對生前習慣的延續。對於靈魂來說，能夠在這第三度空間中完成一件事，無論多麼微不足道，都是一次重要的勝利。

靈魂世界的無聊和時間感的延展，也造就了他們對於研究和探索的渴望。他們嘗試理解自己新的存在方式，探索能夠做什麼，不能做什麼。這種研究精神，有時候會讓他們嘗試與物理世界互動，看看是否能夠影響到一些物體，或是嘗試與活人溝通。雖然這些嘗試往往是徒勞無功的，但每一次的嘗試，都是他們試圖突破孤獨和無聊的一次努力。

我和我弟弟對於靈界特別敏感，而承擔最大壓力的無疑是我的母親。從一開始的困惑、恐懼，到最終的接受，她經歷了一個長時間的過程。在我們家族中，似乎只有我爺爺有類似的體質，但他也已經過世了。

我的母親一次因為疾病而住院，我幫她安排在單人房，有天她在剛睡醒時看了一下手錶，發現時間指向七點多。這時她還聽見護士小姐推著治療車準備量血壓的車輪聲音，她想既然還早，就決定再睡一會兒。但就在她試圖再次入睡時，發生了一件難以解釋的事情。她突然感覺到自己被捲入了一個不尋常的情境中，伴隨著一種轟隆隆的聲音。正當感到困惑不解時，她感覺「看見」有一雙戴著白手套的手猛地拉住她的左腳，力道之大，幾乎讓她感覺自己快要被拖下床。

在那一刻，她感到了前所未有的恐懼。在極度恐慌的情況下，她突然生起了一個念頭——呼喚「觀世音菩薩」。據她說，當她大聲呼喚時，奇蹟般地，那雙手突然放開了她。這次經歷對我母親來說是極度恐懼的體驗，也是她對呼喊佛號這個舉動感到安全的直覺反應。

但事後我母親不明白的是，當時她確定自己是緊閉雙眼，但是她不明白那個「看見」一雙戴著白手套的手是怎麼回事？不是閉著眼睛嗎？怎麼看見？

也許我們的靈魂或意識有能力超越肉體的限制，以另一種方式感知周遭的世界。在某些特定的情況下，特別是在極度的壓力或恐慌中，我們的內在意識可能會激活這種非物質的感知能力，讓我們能夠「看見」或感受到那些肉眼無法察覺的事物。

許多文化和宗教中對於靈魂和意識的描述，往往都提到了超越肉體感官的能力。也許，我們每個人內在都擁有這種能力，只是在日常生活中很少有機會被喚醒，或是我們未曾注意到它的存在。

從這個角度來看，母親的經歷不僅僅是一個超自然的事件，更是一個關於人類潛能和靈魂意識上的探索。它提醒我們，即使在普通人身上，也可能隱藏著超越常規理解的狀態。

當然從這次之後，她再也不要住單人房了！以後也不會亂許願，因為她總是說為何她見不到鬼？聽了孩子們說了這麼多，自己卻總是看不見，總是要給她一次體驗吧！沒想到這一次給她遇見了！

在我的生活經驗中，探索了許多關於靈魂、空間能量、精靈、神明及守護神和守護靈的奧祕。這些知識讓我在面對眼不能見的事物時，能保持比一般人更加鎮定的態度。

有一晚，家裡只留下客廳的小燈和走道的燈亮著，為的是讓夜間起床的人有安全的視線。我習慣在睡前喝水，於是自己到客廳去倒水。

正當我等待水杯被注滿時，我突然看見一團黑影從我身旁的左側牆壁穿過。起初我以為自己眼花了，但當這個黑影靠近我時，我清晰地感受到他接觸到我。他接著向我的左後方移動，當我轉頭去看時，估計他的高度至少超過兩公尺。

這個經驗超出了我對於靈魂、精靈和其他非物質存在的一切規則的認識。雖然我對這方面有豐富的經驗，但面對這樣難以解釋的現象時，我也感到困惑。黑影的出現，並非如常規所理解的那般——他似乎有自己的意圖和目的，而這種直接的接觸和移動方式，遠遠超出了我所熟悉的範疇。

這次的經歷加深了我對於靈魂世界的好奇和探索欲望。當那個黑影自顧自地穿行，在移動時暫時遮蔽了走道的燈光，我試圖用各種方式與他溝通，希望能了解他的來意或是他想傳達的訊息。但他就像沒有察覺到我的存在一樣，持續自顧自地移動，直至消失在走廊的盡頭。

這個過程讓我深刻體會到，即便我能夠看見和感知到超乎常人的事物，宇宙依然充滿了無數未知和不可解之謎。那個黑影的出現和行為，沒有留下任何解釋或線索，就這樣來了又去，留下一個謎團。

這件事情提醒我，無論我們學到多少、看到多少，總有一些事物是我們無法通過現有知識和感官去完全理解的。

靈魂的見證

探究靈魂世界，生與死的話題避無可避。在靈魂溝通時跟靈魂深度交談聊聊，能讓我得到對生死全新的看法，很多靈魂看待死亡不是作為生命的終止，而是一個轉換的開始，是從這個世界走向另一個存在狀態的旅程。

我遇見了許多剛脫離肉身束縛的靈魂，他們初期往往充滿了焦慮和不確定感。這些靈魂正在學習如何以純粹的意識形態存在，一種不再受限於物質世界的狀態。他們發現只要一想到某個地方或人，他們的意識就能瞬間轉移到那裡，這種能力讓他們感到既驚奇又困惑。

特別是對於那些剛離開人世，仍深深掛念著生前親人和所愛之地的靈魂來說，學習控制自己的移動，並非易事。他們可能在觀望自己的孩子時突然想到了曾經旅行的地方，比如日本，他們的意識就會立即轉移到那裡。但當他們的思緒又回到孩子身上時，才能夠返回，這樣的經歷對他們來說是全新的，也是充滿挑戰的。

這一階段的適應過程中，靈魂學會了放下生前的許多糾結和關注點，因為他們發現在缺乏肉身的狀態下，很多之前在意的事情都無法再透過物理方式去影響或改變。隨著時間的推移，這些靈魂開始以一種更加全面且平和的方式來看待生前所經歷的一切。他們的焦慮逐漸減少，學會了以更自由的方式遊走於世界之間，並且開始理解到生命的意義遠超過了物質世界的束縛。

我發現了一個引人深思的現象：那些已經離開物質世界的靈魂，他們在生命的另一端，似乎更自由地活出了自己的本性。這種自由，表現在他們選擇去看望那些與自己生前有深刻連結的地方，比如童年時代的學校、常去的小吃店，或是任何曾帶給他們快樂和溫馨記憶的地方。這樣的選擇無需他人的同意或期待，完全出於自己的意願和記憶中的情感牽引。

這個發現讓我開始思辨，我們在生前是否也經常被外在的期待和社會的規範所牽絆，而忽略了自己真正的渴望和喜好？靈魂世界中的這種「做自己」，與我們生前的行為模式形成了鮮明的對比，揭示了生前我們可能因為擔心被他人評價或是想要符合家人的期待，而選擇做出不一定是自己真正想做的事情。

在生命的最後階段，許多靈魂會進行一次生命的回顧，這不僅是對過往經歷的回味，更是對生命意義的深思。他們與我們分享的故事充滿了愛、悔恨、成長和寬恕，這些故事是對過去的梳理，也是對未來的展望。

有一位靈魂生前是一位熱愛生活的人，卻因一時衝動選擇了自殺。死後的他充滿悔恨，他看著還在世間的家屬，心痛於他們的悲傷與不解。他對我說，生命中最大的遺憾不是未能完成的夢想，而是未曾好好珍惜與家人相處的每一刻。他試圖在靈界對家屬表達他的愧疚和愛，卻發現無論他怎麼努力，都無法撫平家屬的傷痛。

另一位靈魂生前是一位教師，她對教育充滿熱情，致力於啟發學生的潛能。她的生命充滿了成就感和歡樂，但也有未竟的事業和遺憾。在生命的最後階段，她回顧自己的一生，深感生命的美好與遺憾並存。她說，每一次笑容、每一次掌聲、每一次鼓勵，都是她生命中無比珍貴的回憶，她希望那些曾經教導過的學生能記住她的話，勇敢地追求自己的夢想。

在與這些靈魂的對話中，我深深感受到生命的脆弱與寶貴。每個靈魂的故事都是對生命的深情告白，無論是充滿愛的瞬間，還是深刻的悔恨與成長，都是他們生命中不可或缺的部分。他們的故事提醒我們，生命雖短，但每一刻都值得我們去珍惜與愛護。

有的靈魂講述了他們如何在愛中找到生命的意義，如何在困難中學會堅強，如何在失去中學會放手。他們與我分享的每一個故事，都讓我更加珍惜眼前的每一分每一秒。

我記得有一位靈魂，他生前是一名音樂家，對音樂有著無比的熱愛。在他生命的最後階段，他回顧了自己的生涯，從第一次觸碰鋼琴的那刻開始，到站在舞台上的每一次演出。他告訴我儘管生命充滿了挑戰和不確定，但正是這些經歷塑造了他，讓他能夠用音樂表達最純粹的情感。他的故事讓我深深感受到，生命中最重要的不是終點，而是那些讓我們成長、讓我們感到幸福的過程。

另一位靈魂是個戰士，他的一生伴隨著無數的戰役和犧牲。他的回顧中，有戰場上的英勇，更有對於和平的渴望。他說，真正的勇氣不在於戰鬥中取勝，而在於面對生命的脆弱，以及在最黑暗的時刻仍能保持希望。

儘管家人來靈魂溝通時想要知道的是靈魂要交代的事情，但靈魂提及的往往是另外一些生活回憶。

有一次，一位失去丈夫的太太來找我，她想知道她丈夫是否有什麼重要的心願需要她完成。當我與她丈夫的靈魂溝通時，他並沒有提及任何遺留的事務或責任，反而是分享了他們共同度過的幾個小而美好的時刻，他提醒她要記住快樂，繼續前行，不要被過去的遺憾所困。

很多時候靈魂關心的並不是物質世界的負擔或責任，而是那些純粹的、情感上的連結。他們經常提醒生者要珍惜當下，學會放下痛苦和遺憾，用愛和感激的心態活在每一個當下。

曾有一位家屬來找我，他渴望與已逝的父親——一位醉心於詩詞的教授，再次連結。當我與那位教授的靈魂溝通時，他並未直接回應家屬的期望，反而透過我傳遞了一首詩，詩中充滿了對知識的渴望與對智慧的追求，提醒著生者應當不斷向前，尋求成長與進步。這位教授在另一個世界，仍然保持著對知識的熱愛，對生活的熱情。

另一個案例是，一位渴望與已逝的父親續寫父子緣分的孩子。父親生前是一位學識廣博的學者，當我與他的靈魂進行溝通時，他所關心的不是情感的續接，而是希望他的兒子能夠放眼未來，勇於進取，不應只是沉浸於對過去的懷念與哀傷之中。他用一種超脫的方式，提醒著生者要有自己的人生目標與追求。

這些經歷教會我們，靈魂世界與我們想像中的大不相同。靈魂在另一端的關懷與訊息往往是對生者的鼓勵與啟迪，而非我們所期待的情感續接或未了情緣的直接回應。他們透過自己的方式，繼續在另一個層面上指導與關愛著我們，促使我們面對現實，追求成長，尋找屬於自己的人生之路。

第三篇

與愛重逢

在這條靈魂觀察的旅途上，不僅讓我窺見了靈魂與在世家人間難以割捨的聯繫，也見證了愛如何能跨越生死藩籬，對生者和逝者產生持久的影響。

面對失去至親的深深痛楚，許多家庭尋求與逝去親人的靈魂溝通，渴望再一次感受到那份溫暖與愛意。

在這些溝通過程中，我聽聞了無數逝者傳達給家人的心聲——對日常生活的鼓舞、對家人無盡的愛戀，以及對未竟夢想的深切遺憾。這些訊息是對過去的告別，也是對生者繼續前行的勇氣。

我深刻體會到，無論是生或死，愛都是貫穿始終的力量。它教會我們如何面對生命的無常，如何在遺憾中尋找到成長的契機。通過與靈魂的對話，我們能夠慰藉那些深陷失落之痛的心靈，也能在這些故事中找到生活的意義和目的。

父愛如山

如果不是那位父親靈魂的堅持和哀求，我可能永遠不會以如此突然的方式介入那位女孩的生活。

我與女孩約定見面當天，表面上只是一次普通的面交，但背後隱藏著更深層的意義。在約定時間前那位女孩突然聯絡我，說她因家中發生了一些事而無法前來。在我和她通話的同時，有一位伯伯突然站在我面前，我知道那是靈魂，卻不知道他為何要離我很近地站著？

看著這位伯伯，覺得他有所求，所以我在電話裡，問了一句：「妳家發生什麼事情了？」

那女孩可能以為我要責怪她沒有履約，她急忙解釋：「不好意思，因為我爸爸突然意外過世了……所以我在處理，我很抱歉……」

聲音雖然在電話筒那頭響起，但我知道了面前的靈魂是她的爸爸，他跪了下來，說：「拜託，我的女兒會不能活，家裡她最依賴的是我，我卻過世了！我要跟她說說話。」

我只好鼓起勇氣和她說：「是這樣的，我很遺憾妳爸爸過世了，那接下來我要說的可能有點很奇怪，也許妳會很不能接受……」

我停了一下，說：「我是一個陰陽眼，我能跟妳爸爸溝通，因為妳爸爸說家裡不太接觸這類的事，所以我會形容一下妳現在穿的衣服，證明他在妳身邊。」

爸爸的靈魂非常關心如何能讓女兒確信他的存在，為了證明自己確實在與女兒溝通，不斷地告訴我一些只有他們倆才知道的細節，如女兒那天穿的衣服顏色。他的每一個努力都是為了讓女兒感受到父親對女兒深深的關愛與守護。

爸爸的靈魂在溝通中顯得非常焦急，幾乎是拜託我能救救他女兒。他深知女兒正處在人生的低谷，痛苦和絕望讓她幾乎失去了前行的動力。因此他盡他所能，通過我這座橋，將他所有的愛和關懷傳遞給女兒，希望能喚起她內心的力量，讓她明白即使在最黑暗的時刻，她也從未一人面對。

當這些細節傳達給女兒時，她終於確信與她溝通的是她深愛的爸爸。這個認知對她來說如此重要，不僅是一種精神上的慰藉，更是一個轉折點。這次靈魂溝通對女兒來說，是心靈的救贖，也是對爸爸愛的深刻體會。

在溝通過程中，爸爸的靈魂透露了一個他生前的小祕密：他其實不相信鬼魂存在的。在他的世界裡，家裡從來不談論這些超自然的事情，一切都是那麼的理性和實際。然而，面對死亡後的新現實，他的看法發生了改變，現在他希望透過這次非同尋常的溝通方式，向女兒傳達一個深刻的訊息——「爸爸還在，永遠守護著妳，希望妳能堅強活下去。」

這次靈魂溝通的重點，是爸爸希望能給予女兒生命中最寶貴的禮物——勇氣和希望。他希望女兒能記住，無論前方的路有多麼艱難，她都不是獨自一人。

後悔的眼淚

在進行靈魂溝通時，我經常觀察到家屬面對突然過世的親人時的震驚。他們經常對我表示，從未想過這種悲劇會發生在自己身上。這種突然的離別讓家屬充滿了疑問和自責，常常反思是否有什麼地方疏忽或未能做好。

對於那些經歷疾病而過世的人來說，他們在生命的最後階段往往充滿了內疚感，懊悔沒有更好地照顧自己的健康，或對於給家人帶來的負擔感到抱歉。這種內疚感困擾著病逝的人，也讓家屬在悲傷中承受了額外的心理壓力。

通過靈魂溝通，我能聽到逝者想要傳達的訊息，也能感受到生者的悲痛、迷茫和內疚。我努力幫助生者找到安慰，理解生命的價值，並學會如何釋放內疚和痛苦，接受生死的自然循環。

有一次靈魂溝通，來的家屬是女兒，她最遺憾的是，她自責沒有在媽媽說身體不舒服時，當天立刻請假，衝回家帶媽媽去急診。

「我的媽媽就這樣在家裡過世了。如果我多注意一點，我多問一點，我不要忙著開會，那麼媽媽就能救回來！前一天我還在跟她起爭執，媽媽會怪我嗎？」

我發現無常往往突然來敲門，我們的心不會絕對地準備好，儘管我們在心理準備很久，或是沙盤演練很久。

她一直哭個不停，告訴我她感覺自己殺了媽媽，害了她。

「如果可以重來，媽媽還會在。」她哭了很久，我都還沒開口。

她媽媽在旁邊說：「我從來不怪她，我只是告訴她說我不舒服，但是我也覺得沒關係，歇息一下就會好，卻不知道接下來就昏倒了。」媽媽沒想到要怪誰，也不知道為何要怪？一個是女兒自責不已，一個是媽媽根本搞不清楚自己怎麼了？

從女兒的視角，是她對母親過世的深切遺憾和內疚。她回顧了那天的事件，自問如果她能更加留意母親的健康狀況，或許能阻止這悲劇的發生。女兒深陷於前一天與母親爭執的回憶，質疑自己的行為是否導致了母親離世。

透過靈魂溝通，母親的靈魂傳達了她對女兒的理解和愛。母親表示自己突然離世並非女兒所能控制或預見，她從未怪責女兒。母親的靈魂試圖安慰女兒，使她理解生與死的自然過程，和接受生命中無法預料的變數。

女兒滿懷焦急和不安地詢問我：「所以我媽媽不怪我？」她的眼神中帶著尋求解脫的渴望，期盼得到一絲慰藉和確認。

我點點頭回答：「其實是妳怪妳自己。」

我繼續說明：「人生很難知道何時會發生什麼？」這句話在提醒她，生命的不確定性是所有人共同面對的現實，而對於未能預見和改變的遺憾，最深的自責常常來自於我們自己的內心。

人生沒有很容易，也不會一直很順遂，如果我們能預知這一切，那麼也許能更快找到一個捷徑，或是做天命安排的事，人生就會一路順遂？而沒做就會倒

霉？

遇見親人的離開，無法說得很容易，放下何其難。

我不敢說透過靈魂溝通能讓家屬能不遺憾，都會遺憾，任何曾經的可能性都會在家屬的腦袋裡反覆推演、反覆檢視，自己是否錯過或是沒做好什麼？然後深深自責！而靈魂溝通只是其中一個橋樑，幫助家屬透過溝通時說說話和緩解自己的部分遺憾，但還有很多需要時間去化解。

愛在文字中延續

我遇見了一個青年，他的生命在一場突如其來的意外中結束。

那段時間，我幾乎一出門就會看見他，他不斷地詢問我：「你可以幫我問她？她今天有沒有吃飯？她能否獨自照顧好自己？」這些問題透露出他對女友深深的關懷與牽掛。

他對我說：「即使我無法再陪她度過每一個生日，但請告訴她，不要因為我的離去而失去生活的方向。我希望在另一個世界，她能感受到我持續的愛和鼓勵。」

他提出的心願，希望女友能寫下讀書心得，這樣他就能在另一端繼續與她共同學習和成長。

女友被這份思念感動，她自己也深受這樣的想念折磨著。

她對我說：「失去他，我失去了活下來的勇氣，我甚至覺得我找不到活著的意義？我沒有開心的理由，我每天都在哭，眼睛看見的都是傷心的回憶！」

於是她開始用文字記錄生活和學習的點滴，每天寫下一篇閱讀心得，這讓他們的愛在文字中得以延續，也幫助她在悲傷中找到前行的力量。

女孩在寫下每一篇讀書心得的過程中，深化了自己對知識的理解，她逐漸發現自己在這段旅程中也在成長。她開始懂得了生命中的愛與失去，及如何在痛苦中找到自己的道路。因為如此她讀了非常多靈性相關的書籍，在記錄學習心得的同時，她也記錄了自己的情感歷程，這份寫作成為她與男孩靈魂交流的橋樑，也成為她自我療癒和成長的重要途徑。

她的心逐漸堅強起來，學會了如何用愛去記得和放下，並用自己的方式繼續生活。

未完的午餐

這個故事是關於一位為孩子送便當的媽媽。當她的孩子來靈魂溝通時，已是成年人。

「因為我媽媽過世是在幫我送中午便當的路上出車禍，她就這樣走了，從那天起，一吃午飯我就哭，到現在我只吃早餐和晚餐。」他的眼神裡透露著傷心和遺憾。

「事情隔了很久，我對我媽媽仍然很內疚，我常在想如果不堅持希望吃到媽媽的菜，吵著要她送便當，也許我就不會失去她！」

「十五年了，」他的聲音帶著壓抑的痛苦，「自從那天後，我就再也沒有好好吃過午餐。每當看到便當，就像看到那天的事故現場，我覺得是我害了媽媽……」

這份深深的內疚讓他陷入了長時間的自我責備與哀傷中。午餐不再是一頓飯，而是他與過去悲劇的連結，一種無法解脫的精神負擔。

在靈魂溝通中，媽媽的聲音透過我傳達出來，「我看到了他的痛苦，這些年他一直在背負著。我想對他說，這不是他的錯，那只是意外，我從來沒有責怪過他。」

「我看著他這麼多年獨自承受痛苦，我的心也在痛。他應該知道，那場事故不是他的錯。」

她的話語彷彿是一絲溫暖的陽光，照進了孩子長年籠罩的陰霾中。「我希望他能放下那份沉重的包袱，繼續他自己的人生，過得幸福快樂。因為，看到他幸福，是我最大的心願。我最大的願望就是看到他釋放過去的痛苦，重新擁抱生活的美好。我永遠不會責怪他，只希望他幸福。」

這個孩子的故事延續了十五年之久的自責和悲痛。每當他看到媽媽留下的鍋具時，心中就湧上深深的失落和惆悵。儘管時光流逝，但他對媽媽的思念和對當初未能及時救助媽媽的自責感依然如影隨形。這份內疚讓他無法再踏入廚房，那些鍋具不僅是烹飪的工具，更是媽媽愛的象徵和記憶的載體。

透過這次靈魂溝通，身為孩子的他終於得到了一絲釋懷，雖然深埋心底的痛苦不能立即消失，但他開始學會接受和理解，為自己的生活尋找新的意義和方向。

而在媽媽的心中，最大的遺憾卻是沒能親自陪伴孩子長大。她常在孩子身邊關注，渴望告訴他，希望他理解離開並非自願，她不希望孩子因為她的缺席而有任何自責或怨恨。

在靈魂溝通之後，這位男子逐漸地學會如何用一顆更堅強的心面對生活，並從中尋找新的希望和意義。

之後我有機會看到他時，他跟以前已不一樣，充滿了活力，並笑著跟我說，他不再覺得中午不能吃午餐，內在的糾結好多了。

「老師！哪天我們能約吃午餐喔！」

那一天陽光好好，他的笑容好陽光！

報恩的靈魂

在一個灰濛濛的午後，我等待著下一位尋求心靈慰藉的家屬。那天，一位看似平凡的男士走進來，眼中帶著期盼和不安。他希望能與他已故的父親再次對話，尋找心中長久的答案。

正當我準備開啟靈魂通道時，一股強烈而迫切的能量湧入，來自一位未被邀請的靈魂。這位靈魂帶著急迫和堅定的訊息：「請他檢查他的車子，有危險潛伏！」他的聲音在我心頭迴盪，帶著無法忽視的嚴肅性。

我轉達了這位意外現身的靈魂的警告，男士的臉上露出了驚訝和不解的表情，並問我他的樣子。他聽我的描述後告訴我，這位是他多年前過世的熟識朋友，他曾在一次意外救了這個朋友，後來這位朋友因癌症去世。

聽從了靈魂的勸告，男士立刻去檢查了自己的愛車。結果發現了一個零件的故障，這個及時的發現無疑避免了一場潛在的災難。

這次的經歷讓我更加相信，靈魂和人的聯繫遠比我們所見所知要深遠。即使是在另一個世界，那份關懷和責任感依然驅使著他們，以我們難以理解的方式，繼續在我們的生活中發揮影響。

我們每天的生活，或許正被這些看不見的線索牽引著，靈魂的世界並非遙遠，就在我們身邊，以不同的方式提醒、保護著我們。

這件事不只是一次靈魂溝通，更是對生命中人與人之間微妙關係的一次深刻體悟。靈魂，即便在另一個層次上，依然與我們緊密相連，時時刻刻影響著我們的生活。

急救書的遺憾

在靈魂溝通時，我經常遇到一些非常感人的時刻，深刻地觸動了我。

有一次，我遇到一位爸爸靈魂，他在生命的最後階段已意識不清，但還記得女兒對他說的話，那句話充滿了愛與擔憂：「爸爸，你放心，我會好好照顧媽媽，你不要擔心，我會照顧好弟弟。」這些話語，如同時間凝結，深深地刻在他的記憶中。

爸爸的靈魂被女兒的話觸動，他多麼想回答她，告訴她他聽見了她的話，感受到了她的愛和擔憂。但在那一刻，他的身體已不聽使喚，他無法說話，無法動作，只能在身體旁靜靜地看著一切發生，心中充滿了無力和悲痛。

他在靈魂溝通中表達了自己的無奈：「我想告訴我女兒，她不要自責簽下放棄急救同意書，不要覺得是自己沒有盡力，不要擔心我。我沒有覺得她一定要照顧好弟弟，她已經做得很多了。」

透過靈魂溝通，這位爸爸靈魂渴望將他的愛和理解傳達給女兒，讓她知道，即使他已經離開這個世界，他的愛仍然陪伴著她。他想讓女兒知道，她的努力和照顧，他深深感激，他不希望女兒因為他的離去而背負太多的自責和擔憂。

這個女兒在溝通時反覆確認爸爸真的不怪她簽下放棄急救書。

「我覺得是不是我自己沒有盡力？我是不是放棄太早？是不是不簽，爸爸還有機會？是不是我做錯了什麼？……他會不會怪我，不救他？」

那天她嚎啕大哭，爸爸靈魂的手放在她身上，我的手也放在她身上。

「他沒有怪妳，那樣的過程他不知道是什麼，但已經受夠了！但他說不出口。」

在進行靈魂溝通時，我深知我並不孤單，但面對這個充滿挑戰的世界，包含讓人了解靈魂與人的不同卻又相似之處，包含在接觸時關於家屬的情感衝擊等，我常常希望沒有人需要經歷這種痛苦。然而，我也明白，在生命的大河中，兩個世界的交界處，總會有靈魂需要渡河，需要有人伸出援手引導他們。

在這條兩界之間的河流上，我成了一艘渡船，幫助靈魂穿越生死的界限，傳遞他們還未傳達的愛與訊息。在這條靈魂渡河的旅途上，我懷著敬畏之心，為那些需要度過生死彼岸的靈魂照亮道路，也希望他們能找到安寧與光明。

守護的力量

一位過世的父親發現他的女兒生活困苦，陷入絕望。在靈魂溝通中，父親的靈魂提供了一些關鍵的指引和鼓勵，幫助女兒重拾希望，改變她的人生道路。

女兒帶著淚水跟我說：「如果爸爸還在，一定不會讓我這麼辛苦的。他的過世是不是安排好的？我現在過得很痛苦，我是不是要跟他一起去？那我就可以見他了？」

父親的靈魂溫柔而堅定，彷彿他知道孩子受不了快想不開：「孩子，我一直在妳身邊。看著妳為生活戰鬥，我感到很心痛，但我知道妳是堅強的。」

女兒：「爸爸，我好累，好想放棄。」

我去傳達父親的靈魂的話：「不，妳不能放棄。記得妳小時候學騎腳踏車，跌倒了又站起來，妳的勇氣和堅持讓我驕傲。現在也是，妳要為自己站起來。」

女兒：「但我不知道該怎麼做，前路好茫然。」

父親的靈魂：「記得我們家後院的那棵樹嗎？不管風多大、雨多大，它都站得直直的。妳也一樣，要像那棵樹，堅忍不拔。」

女兒一直哭，她跟我說以前爸爸就是這樣比喻給她聽，很小的時候就是這樣說。

我告訴她：「他說他會一直守護著妳，讓妳不再孤單。」

我總覺得療癒的開始，是認出爸爸開始，認出是自己的家人開始。

靈魂溝通是一種深刻的療癒過程，尤其當家屬在溝通中確認到逝者的存在，認出那是自己親愛的家人時，療癒的力量便開始顯現。這個認識的時刻是情感的連結，也是靈魂層面的深刻交流，為生者和亡者之間的未了情感提供一個表達和理解的機會。

在這個瞬間，家屬常常會經歷從懷疑、驚訝到最終的接納和安心的情感變化。

這種認識帶來的是對逝者仍在某種形式上存在的確認，更重要的是，它提供了一種心靈上的慰藉和釋放，讓家屬能夠開始處理他們的喪失感和哀傷。

這種療癒過程中，靈魂與家屬之間的溝通，如同我在搭一座橋，連接了生者與亡者的世界，允許未完成的話語得以傳遞，未了的情感得以釋放。透過這種交流，家屬能夠感受到逝者的愛和關懷，理解到雖然身體已逝，但愛和記憶永存。這不但幫助家屬接受失去的事實，也幫助他們在心靈深處找到平靜和力量，繼續自己的人生旅程。

來不及說的祕密

一個寧靜午後，先生在睡夢中靜靜地離開這個世界，沒有任何先兆，留下他太太獨自面對接下來的生活。他們的關係宛如靈魂伴侶，彼此間有著無法言喻的連結。先生過世後，太太彷彿失去了生活的方向和意義，在悲痛和空虛中掙扎。

「我們什麼都一起分享，什麼都一起決定。現在他走了，我感覺我連呼吸都變得艱難。」太太在靈魂溝通時哽咽地說。

在靈魂溝通中，先生的靈魂向太太傳達了他的愛和關懷。他輕聲說：「親愛的，我知道妳感到迷失和痛苦，但我從未真正離開過妳。在妳心裡，在我們共同的記憶中，我依然與妳同在。」

太太泣不成聲，嘆道：「但是沒有你在我身邊，一切都變得無足輕重。我們的生活，我們的夢想，沒有你，一切都失去了顏色。」

太太提出了一個未曾提及的疑問：「我想問你，你曾說要告訴我一個祕密，那是什麼？」這個問題讓溝通的氛圍變得更加沉重，太太的眼神中充滿了期待和好奇。

靈魂溝通是連接靈魂和家屬的橋樑，也是解開心中謎團的關鍵。當太太提到可能與她生日有關的祕密時，雖然直接傳達精確的祕密訊息真的很困難，但透過太太的引導和靈魂的暗示，我漸漸找到了傳遞訊息的線索。

靈魂輕輕地向我透露：「那個祕密，與我們共同的愛和回憶緊密相連，是我計畫在妳下一個生日給妳的驚喜……」靈魂又再多談了些。

太太的眼中閃爍著淚光，顯然這個祕密觸動了她的心弦。她慢慢理解到，即使先生無法在肉身上與她共度下一個生日，但他依然用心地為她準備了驚喜，這份用心足以跨越生死的界限。

先生的靈魂溫柔地回答：「我愛妳，就像我們第一次相遇那樣，那份愛沒有改變。我希望妳能找到繼續生活的勇氣，因為妳的快樂、妳的成長和妳的生活，對我來說是最重要的。讓我們的愛，我們共同的記憶成為妳前行的力量。」

阿嬤靈魂的訊息

他的眼神藏著孤獨與不信任，他告訴我，他從未真正去愛，因為失去阿嬤的愛，讓他不敢相信世上還有人會無條件地保護他。

他問我：「我想知道我阿嬤好不好？我很小的時候她就過世了。」透過他的語氣，我感受到他對於靈魂溝通的半信半疑，以及對於阿嬤的深深思念。

在靈魂溝通的過程中，阿嬤的靈魂顯現出來，她是一位強健又強勢的女性，言語間雖有些粗魯，但透露出深沉的愛。她對孫子的關愛超乎想像，將他視為掌中寶。即使阿嬤的性格暴躁，她對孫子的愛卻是溫柔而純粹，但這是他認出阿嬤的方式。

「我想請他幫我跟他媽媽說，我很抱歉，當初沒有好好對待他媽媽，我一直放在心上，但沒有跟她說抱歉。」

他回憶起童年的疑惑和無助，阿嬤的突然離去留給他無數的問題和空虛。他無法理解為什麼阿嬤躺在那裡，為什麼那麼多人圍繞著她，以及為什麼阿嬤再也不會回來。這些疑問和痛苦深藏在他心底，成為他對愛的恐懼和不信任的根源。

他最初來到我這裡，半信半疑，以為靈魂溝通可能只是尋找心靈慰藉的一種方式，或許我能隨意說出一些讓他心安的話。

然而，在靈魂溝通的過程中，他逐漸意識到這遠遠超出了他的預期。阿嬤的靈魂向他展示了一些只有家庭成員才知道的細節，一些連他自己也不知道的過去。這讓他震驚不已，開始重新考慮他對靈魂溝通和阿嬤存在的看法。

他回家後與父親討論了這次經歷，從而得知阿嬤生前的一些習慣和特徵，這些細節與溝通中透露的訊息不謀而合。這次對話讓他對阿嬤的記憶更加鮮明，也確認了靈魂溝通的真實性。

「我知道我的阿嬤很好，她還是像以前一樣，我跟我媽媽說了阿嬤的道歉，媽媽雖然沒說什麼，但是能感覺到好像某些事情釋懷了，這樣就好。」

這一發現，他開始意識到，愛和記憶超越了生命的界限，阿嬤的存在和關懷從未離開過他。知道阿嬤過得好，他終於放下了心中的一塊大石，找到了心靈的平靜。

這次靈魂溝通打破了他對超自然現象的懷疑，更重要的是，他重燃了他對愛的信任和對生活的熱情。對他來說，這不只是與阿嬤重逢的機會，她笑著跟我說他還是習慣跟他的阿嬤沒大沒小。

「但我知道她愛我，我還是可以在她面前橫著走！」那個下午，他搖著頭很淘氣地笑著！

我看到他阿嬤，插著腰一副無奈的表情，我也跟著笑起來。

誰說過世就結束？愛不會結束！

姊妹情深

一個午後，一位姊姊坐在我的面前，眼中流露出無盡的思念和悲傷。她開始講述她與妹妹的故事，一段深刻的姊妹情深。

「我們從小就非常親密，但隨著年齡增長，我們的距離漸漸拉開。我去外地讀大學，她留在家裡。雖然我心裡一直惦記著她，但聯繫卻越來越少。」姊姊的聲音帶著遺憾。

妹妹的生命在一場突如其來的疾病下戛然而止，留給家人無盡的悲痛和不甘。姊姊講述著妹妹生病期間的堅強和爸爸無微不至的照顧，「妹妹生病後，變得更加堅韌，積極面對治療。而爸爸盡全力尋找治療方法，希望能夠挽回她的生命。」

「只要有機會、有任何可能，我爸爸和我妹妹就會去，人在得到所謂的絕症時，會嘗試任何可能性！就算很奇怪都會去試，因為那是一個希望，我的爸爸就陪著她，一直努力去嘗試！」

每次只要有新的方式，就會去試試看。

在這次靈魂溝通中，姊姊渴望找到一種釋放，不僅是為了自己，也是為了家裡的每一個人。特別是爸爸，他對妹妹的去世感到深深的自責和悲痛，「我覺得爸爸一直認為是自己的嚴格造成了這一切。他以為如果當初不那麼嚴厲，或許妹妹的結局會不同。」

然而，在靈魂溝通過程中，妹妹的靈魂向家人傳達了深深的愛與理解，她讓家人知道她並不責怪任何人。

「請告訴爸爸，我不怪他，我感謝他所有的愛與付出。我希望他能放下內疚，活得更幸福。」

「我想跟他說，我會很好，謝謝爸爸、媽媽、姊姊，在那時候照顧我……」

妹妹的靈魂透過我傳達出來的這段話，在最後，她想握一握爸爸的手。她告訴我，爸爸的手很軟，當靈魂透過我握上爸爸的手時，我掉下眼淚，靈魂也掉下眼淚。對妹妹來說，再次感覺爸爸的溫度是很重要的一刻！

透過這次靈魂溝通，家庭中每個人的心結都得以解開。姊姊決定完成妹妹生前的夢想，開了那家糕點店，以此來紀念妹妹，繼續她未完的夢。

有一天，我收到了一個蛋糕，上頭附上可愛的卡片，上面畫著姊姊和妹妹的畫像，我邊吃著蛋糕、邊感動著，我看到了釋懷的妹妹的靈魂對我笑。

愛的呼喚

一位六十歲的母親帶著對過世孩子二十年的悲痛和自責生活。她的朋友無法再看她沉浸在痛苦中，於是尋求我這位靈魂溝通師的幫助，希望能夠為她帶來一絲安慰。

從我走進她充滿過往回憶的家開始，每個細節都保留著孩子還在時的樣子，孩子房間的窗緊緊地關著。母親的眼神透露出深深的痛苦，時間在悲劇發生的那天便停止流動。她的生活被固定在那一刻，永遠守候在孩子的身邊。

在溝通過程中，母親哽咽地說：「如果那天我多注意點，事情或許不會發生。」

然而，當孩子的靈魂現身時，他聽著媽媽說的話，童稚的聲音有著不知道媽媽怎麼了的感覺：「阿姨可以跟我媽媽說不要自責了嗎？我知道媽媽有多愛我，那不是媽媽的錯。我在另一個世界過得很好，我希望媽媽能夠不要再哭了。」

媽媽含淚難過地說：「我很愛我的孩子！如果那一天，我沒有睡著，什麼事情都不會發生，他還可以長大體驗這個人生。我不知道原來他一直在看著我哭，我還讓他傷心了。」

這次對話成為了母親心靈療癒的開端。雖然她的心中仍有失去孩子的痛苦，但她開始學會接受和理解，學會了原諒自己，找到了繼續前行的勇氣。

那天溝通完母親逐漸允許自己離開過去的陰影，重新參與生活，開始體會到即使失去了最珍貴的存在，生命中仍有愛和希望。

過了一陣子，聽她朋友說，她開始仔細整理孩子的房間，開了窗戶、換了床單、放進了花，「這樣就好了，這樣就好。」我看著她的孩子開始會笑，感受到他會放心。

「你放心媽媽了，對嗎？你可以安心地釋放這個部分了，對嗎？」我感受孩子的靈魂頻率改變了，也許靈魂也可以不再依戀在媽媽身邊，來自於他的放下！

魚刺的愛

在那個溫暖的午後，我和朋友一起拜訪她的奶奶。我與老奶奶坐在廚房裡，她正忙著準備午餐。廚房裡彌漫著熟悉的米飯香氣，一切都顯得如此平常，卻又感覺溫暖。

「妳知道嗎？」老奶奶的聲音慢慢的，邊慢慢攪拌著粥，「自從他走後，每天我都會為他準備一碗粥，就像他還在一樣。」

我輕輕地點了點頭，感受到了空氣中的那份哀愁和愛。就在這時，她的孫女走進廚房，準備吃她煮的飯菜。

看著孫女，奶奶的眼神裡閃過一絲微光，「妳知道妳爺爺最愛吃什麼嗎？他總是喜歡我做的魚，但他不喜歡魚刺。」

我微笑著回應她：「奶奶，妳是不是總要幫爺爺挑出魚刺呢？」

奶奶驚訝地看著我，眼神中充滿了疑問，「妳怎麼知道的？我從沒跟別人提過這件事。」

我說：「因為爺爺的靈魂一直在這裡，他告訴了我。他還說，他每天都在看著妳，感謝妳為他保留的一切。」

老奶奶的眼中閃爍著淚光，她的聲音帶著顫抖和感激：「真的嗎？他還在我身邊？」

「是的，奶奶。」我回答，「他一直在妳身邊，守護著妳，就像妳一直想著他一樣。」

那一刻，廚房的空氣變得溫暖而寧靜。老奶奶深深地吸了一口氣，好像放下了多年的重擔，她的臉上綻放出了微笑。

「謝謝妳，讓我知道他還在，他好嗎？」奶奶的聲音裡充滿了釋然和感激，我想她能在愛與回憶中找到了前行的力量。

「他很好，也希望妳很好。」

「妳告訴他請他等我，我會去找他。」對話的過程，奶奶沒有問其他太多，彷佛就是準備好聽這一切。

那一天我喝著粥，我能感覺彷佛這一切像是預演好的，一切都這樣自然靜靜地發生！

好好說再見

這是一段充滿愛與哀傷的故事，兩人的關係超越了簡單的相愛，他們之間有著深刻的默契和理解。他們的愛情如此美好，以至於似乎連老天都在嫉妒。

她回憶著那些幸福的時光，語氣中充滿了感激。「我們在一起時，我總是感謝命運讓我們相遇。我們相愛得那麼深，那麼完美。」

然而，幸福的時光總是短暫的。一天，他對她說需要出門買些東西，身體感覺有些不舒服。那次出門，他就再也沒有回來。

坐在我面前的她，眼神中充滿了迷茫和疼痛，「總以為這只是一次短暫的分別，告訴自己他很快就會回來。但隨著時間一天天過去，開始意識到，他可能永遠不會再回來了。」

在我們的靈魂溝通中，她渴望再次感受到他的愛和溫暖。當他的靈魂出現時，空氣中彷彿充滿了過去的愛和笑聲，又回到從前的一問一答，他還是像以前一樣那麼幽默和溫暖。

她坦白地對我說：「如果沒有孩子，我可能早就結束這一切了。」她的孩子成為了她堅持下去的力量，一種不願放棄的理由。在痛苦和絕望中，孩子的存在如同一線生機，給了她繼續生活的動力。孩子成為她與逝去愛人之間愛的延續，一個讓她能夠承受失去和痛苦的理由。

透過溝通，他保留他的個性來回應她的話，和日常一樣的一問一答。她說：「我彷彿覺得他回來了！」就像他還活著一樣，那個口氣，一直沒變。

他的靈魂輕輕地對她說：「我永遠愛著妳，親愛的，我們的愛是不會終結的。但我想跟妳說妳還很年輕，我希望有一天妳找到適合妳的人，好好地去試試看，讓他有機會跟妳相處。」

她淚流滿面，但眼中的悲傷逐漸被愛和接受取代，「我知道了，即使你不在我的身邊，我們的愛依然存在。」

靈魂溝通完，她離開時回頭跟我說：「我不知道為什麼？好像我說完了我要跟他說的話了，好像我是時候往前走了，生命還要繼續。我剛剛雖然沒有跟他說再見，但是我的內在好像已經說了！」

「這算不算是好好地說再見？」她看著我，那一個下午我記得陽光很好，陽光將她的眼珠照耀得閃閃動人。

兄弟情

一個下午，我坐在他面前，在他的錄音室錄音，他是一個很喜歡幫助別人找到成功之路的人。他慢慢吐出菸圈，說道：「妳知道嗎？我總覺得對他有一份承諾，就像是無形的約定，將我牽引在這條人生道路上。每當我幫助他人成功時，我就會想起他，彷彿他還在這裡，靜靜守護著我。」

他停頓了一下：「他癌症晚期的時候，我去看了他。他什麼也沒有要求，沒有遺言，只是安靜地看著我。我那時感覺到，紀念他的最好方式，就是繼續他未完成的事業，做他想做的事。」

「我沒有特別想溝通什麼，只是……只是想知道，他現在好嗎？在另一個世界，他是否好？」

當我說出「兄弟」兩個字的時候，他的淚水滑落。

靈魂說：「你過得好嗎？那些年我們共同擁有的夢想和雄心壯志，我們約定一起幫助別人，你還記得嗎？」

他點了點頭，淚眼模糊又笑著地回應：「是的，我記得，那正是你的說話方式。你怎麼現在還是這樣說話啊！還是沒變！」

他熄滅了手中的菸蒂，深深地吐了一口氣，對我說：「告訴他，我現在做得很累，有時候感覺孤單無援，沒有他在身邊，我迷失了方向。我不確定我是否應該繼續這條路？」

「你比我更有力量和影響力，我總是相信你的能力。即使我不在你身邊，我的精神和愛仍然與你同在，每一次課程、每一個決策，我都在陪伴你。你從未真正獨自一人。」靈魂回應。

這段對話，他定定地看著我，緩解了他多年的孤獨和迷惘。他的眼神逐漸明亮，似乎重新找回了方向和力量。

「我明白了，雖然我看不見你，但我感受到你的存在。我會繼續走下去，因為我知道，你會永遠支持著我。」

那天之後，他對我說：「這真的很神奇，妳說話的口氣跟他好像，但妳不認識他！好，我知道了，我會加油！」

我看著他重新找回力量，在課程裡支持學生，也在我們一起開的課程裡一起支持來到我們面前的人！

他沒有再提起那天下午的溝通，但他重燃起了力量，我想這樣就好，真的這樣就好！

被留下來的人

這個主角是一位經歷了家庭悲劇的生還者，面對突如其來的災難，他失去了親人，只留下自己獨自面對這無盡的痛苦和空虛。他深陷於對過去的回憶和自我質疑中，不斷地反思，是否應該和家人一起離去。

他考慮非常久，才走進事務所。

我知道這個溝通不容易，我是要成為拉住他的那隻手？我是不是能拉住他？有時人經過生命轉彎的地方，不見得是心理有準備，但就是發生了。

靈魂的她說道：「那天我們一起出遊，本應是快樂的時光。我知道你計畫了一切，想讓我們開心。我從來沒有責怪過你，那場意外沒有人能預料。」

他的眼眶泛淚，嘴角帶著苦澀的微笑：「我每天都在問自己，為什麼只有我留下。我感到如此孤單和無助，好像連生存下去的意義都失去了。」他的手一直搓著，不安自責的臉，沒有抬起來。

獨留下來的家人總會覺得自己不再完整，不再有生存的動力。頭腦不能理解，身體也不能。

生活空掉的那一大塊，彷彿說一句話都會有回音！

太太的靈魂：「你需要繼續生活，為了自己，也為了我們的記憶。我在另一個世界等著你，但不是現在。你還有很多事情要完成，我們的孩子需要你，你的生活還有未完的體驗需要你去經歷。」

他深吸一口氣，彷彿找到了新的力量：「我總覺得妳還在身邊，像是在守護我一樣。我試試看去學會放下這份重擔，為了妳，也為了我們的孩子，我會繼續我的人生旅程。」

「我對你的愛是永恆的，不會因為死亡而結束。我們的幸福日子，是我永遠的回憶。請活出最好的自己，這是對我最好的紀念。」

他脖子戴著太太的結婚戒指，他揉搓著它：「老師，這戒指是她為我選的，我身上的衣服鞋子都是她為我選的。我很不習慣，但是我想她好，我就能安一點心吧！」

通過這次靈魂溝通，他是否學會了接受和面對生命中的失去？逐步從深深的悲傷中走出，重新找到生活的意義和目標？我不知道！

但我知道這次對話對他不僅是靈魂間的交流，更是重新開始自己生活的可能性，而我盡可能地在生死之間搭建起溝通的橋樑，這個門不會關起來，當他敲門時，我會為他打開。

小小的靈魂

那是一個午後，空氣如往常一樣，陽光一樣，生活一樣，人來人往的台北，連喝的咖啡都一樣。

我照例處理完台北的事準備南下，突然接到傳給事務所的緊急訊息，通常要開車時，我不太會接訊息，而且事務所也有同仁會幫忙處理，但這次不知道為何，我把訊息打開了。

那是一個意外……

我能了解，那瞬間眼前的景象讓人不敢相信。在震驚下，孩子被送進了醫院，父母只希望奇蹟能發生，任何信仰若能來得及，所有的祈禱都願意。用任何一切能給予的，喚回此生的摯愛，和再聽一次他的童音……

遺憾的是，沒有救回他。

我不敢去想，機器停止規律的跳動聲時，醫護人員的遺憾和爸媽的痛哭，所有的世界全是黑白的，只有緊握他小小手的爸媽的顫抖……撕心裂肺。

我相信醫護人員是多希望能救回本應該還有許多未來的他，並期待他能睜眼再抱一次他愛的爸媽。

這是千萬的心碎，只希望無論如何這世界上真的有神！

但是，終究不能。

「你能幫這孩子跟媽媽溝通嗎？我不知道怎麼辦，我只是一直想起妳，妳能幫幫忙嗎？」爸媽的朋友在訊息裡這樣寫著……

世間事是不會這樣的容易，心碎往往突發前來，來不及反應比比皆是。若你問，那若沒有遇見「溝通」？我會告訴你，他們還是得適應。遲早會不會適應？會！久了會不會習慣？會！那就讓他們習慣適應。

世間這麼多的離去，聽起來真的是那麼的合理。是的，很合理，也很理性。但若是你的最愛，這件事就不是那麼容易說出口或是分析得宜。因為是摯愛，是寶貝，是心頭那塊肉！

一個幼兒，真的會有神明的接引？會看見光而前去？

當我接到訊息時，過沒多久這孩子就走了。還沒長大的年紀啊，才是叫爸爸媽媽的年紀，有點古靈精怪、淘氣，聰明且討人喜歡的孩子，我們失去了他……

多年的經驗我知道，靈魂剛脫離身體的恐慌和害怕，畢竟面對一個從沒經歷過的事，連身體都失去了重量，所有一切都改變了，他有多恐慌。

我當下將車子停在路旁，因為我知道這樣大的孩子對死亡沒有概念，對什麼光和接引也沒有概念，他會因為恐懼而慌亂，那麼怎麼能苛求他，以為他看得見光？

一個孩子好不容易覺得自己能下床，怎會知道自己已經往生？只知道看到爸爸媽媽拼命地呼喊，爸爸媽媽卻聽不見他的聲音，面對聽不到自己聲音的世界，所帶來的只有更加倍的恐懼。那麼如果他只有五歲、四歲、三歲或者更小，當信念都還沒有架構完成時，怎麼會真的那麼容易放下？

但是，那一天我真的無法讓他理會我，溝通的過程非常困難，只有聽見他的哭聲很響亮，孩子根本不要我，對他來說我只不過是個莫名其妙出現的阿姨，他根本不認識我！那我該怎麼辦？我得想個辦法！

我靜靜地坐著，周遭彷彿靜止了，只有我能聽到那孩子的哭聲，他在呼喚媽媽，他感到害怕，而我也能感受到他的害怕。

靈魂並不是我們想像中的那麼陌生和可怕，他就像個普通的孩子，只是我們無法看見他的物理身體，這讓我們對他的處境感到陌生和害怕。那麼小的孩子，我等待著，等待著，直到他的哭聲漸漸停歇。

然後，我開始和他對話。我告訴他，現在阿姨在這裡，可以聽見他，接下來可能會發生一些奇怪的事情，他叫媽媽或爸爸，但他們聽不見，只有我能聽見。我告訴他，媽媽很擔心他，擔心他找不到回家的路，並解釋他已經離開了自己的身體，無法回去了。我問他，有沒有什麼話想告訴媽媽，或者希望媽媽告訴他的？

孩子淚眼汪汪，他完全不明白發生了什麼事情，他告訴我，他害怕，不知道該怎麼辦，他想回家，但爸爸媽媽好像不理他，他不知道自己是否做了錯事。我的心深深地痛了起來，這個孩子實在太小了，對於眼前發生的事情一無所知，他只是想參加學校的萬聖節派對，那是他第一次渴望參加的活動，也是他上學後的第一個社交機會。然而，他好像參加了活動，卻沒有受到同學的歡迎，感到被孤立。

我深深體會到這個孩子的孤單和害怕，他需要幫助，需要得到關愛和指導，尤其是在這個陌生的狀態下。但現在，我要做的是安撫他，告訴他，我們會一起找到解決的辦法，無論他身在何處，他並不孤單，因為有人在乎他。

當我與孩子的母親聯絡上時，我由衷感謝著上天賜予這個孩子鮮明的個性。他不喜歡別人觸碰他的東西，對米飯和麵食無感，卻是一個極愛水果的孩子。這些獨特的喜好讓他的母親能夠輕易地識別出他，例如他挑選的鞋子都是他生前最喜歡的。

或許是因為這個孩子實在太小了，我對他充滿了心疼，所以在我們相處的過程中，我常常和他對話，詢問他喜歡吃什麼、需要什麼，逐漸地，他變得更願意表達自己的需求，他想要喝的、想要吃的，以及想要玩具。

當孩子終於透過我傳達訊息給他的媽媽，這位小小的靈魂似乎找到了一絲安全感，雖然他或許還無法完全理解為什麼需要透過阿姨來傳達他內心所想，但當他收到媽媽和爸爸的回應時，他開始感到安心。

他明白了，即使身體已經不在，他的聲音和思念仍然能夠抵達他最愛的爸爸媽媽的心中，這股安慰使他的靈魂得以平靜，也讓他明白，無論身在何處，媽媽爸爸永遠不會忘記他。

最讓我難忘的一幕是，他告訴我他想要喝奶茶。我去了各個超市、商店，甚至Costco，都無法找到他喜愛的那種奶茶。最後，我不得已向孩子的母親請教，問他到底喜歡喝哪一種奶茶?每一次都被他否定，說都不是他想要的，在一般的超市或商店是找不到的。然而，當孩子的母親告訴我，他喜歡的那種奶茶在台灣並不常見時，我聽到了她聲音中的苦澀和感激。孩子依然記得他自己的偏好，這些小小的細節讓她感到溫馨。

孩子的母親對我說：「妳所傳遞的話語對我來說非常寶貴。即使我已經失去了我的孩子，但我仍然知道他在我身邊，哪怕只有百分之二十，這對我來說卻至關重要，讓我能夠在這段痛苦的時光中迅速走出陰霾。」每次我與這個小靈魂溝通時，雖然我不確定我的作為是否能幫助到孩子的母親，但當她說出這段話時，我內心湧現出無比的信心和感動。

那一天下午，我坐在室外，聽著手機另一端的話語，眼淚不自覺地流下。我曾以為對自己來說宛如詛咒的靈魂溝通能力，卻在一次次的靈魂溝通中，我的不確定逐漸轉化成了堅強和愛，就像玫瑰一樣綻放。

這段經歷深刻地教會了我，靈魂之間的連結是多麼的強大，愛是多麼的無所不在。透過這些溝通，我們可以繼續感受到那些已經過世的人們的存在，並將他們的愛傳達給他們最愛的人。

海上尋音

那天下午我接到電話，來自於我的朋友。

「你能幫忙找失蹤的人嗎？我的朋友落海失蹤了。」

「你知道如果是我找到，就表示這人已經離開了。而且這種情況很難找，因為靈魂視覺沒有像你想的那麼好，他沒有肉體的視覺！也很難告訴我們他所處的方位。」我回答他。

他在電話那一頭停頓了一會，告訴我為什麼還是需要我幫忙找到他朋友，這位朋友是跟他一起奮鬥的哥兒們，因為想要救助落海的人，他們一起出勤，那天海象很糟，落海的人沒有接到救生圈，拋出浮板一直抓不住，緊急之下朋友把自己的救生圈給了對方，最後這位朋友卻消失在海裡。

「我需要找到他，妳告訴他，無論如何，我一定會、一定會努力找到他！」

他們成立了尋找失蹤者的團隊，我在裡面看到一群一起努力試圖救他的人，他們不在意海象危險，還是嘗試去打撈，去找尋他的身體。

「我們就是希望帶他回來！我們都是一起打拼救人的兄弟！」

海象非常不穩，一群人盡可能在我提供訊息的狀態之下不斷地嘗試各種方式找他，就算是半夜！

一直到有天晚上我的朋友彷彿看見了他，但是很快黑影隨著漲潮退潮不斷地向外海流去，是他嗎，是他嗎？

「他有看見你，你站得很遠，揮舞著雙手！」我難過地回答。

他打個電話跟我說：「是不是他？你告訴他，我很抱歉我沒有帶回他，但是我們會照顧好他的太太和小孩。謝謝他為這個世界上貢獻了這一切，謝謝他為了救護他人而犧牲了自己，謝謝他這麼照顧我們！」

風聲配著雨聲，他的聲音喊著，斷斷續續，嗚咽著。

「拜託你了兄弟，就交給你了，我相信你，別擔心我，只要救護的人能夠平安，我們也知道，這一生也值得了！」我幫他把話告訴我的朋友。

那一天晚上我掛不了電話，朋友在電話另外一邊哭泣。

朋友告訴我說：「你跟他說我承諾他，我會一直一直用自己的力量，盡可能地去幫助所有需要幫助的人！」

現在我依舊在臉書上看見朋友出勤救護幫助他人，隨著救護車、消防車的出動，他們義消也跟著出勤。

我看見靈魂的他站在我身邊告訴我：「我們是一群希望能幫助到更多人的人！我們不求名，我們就是這樣存在。」

那天，我看到靈魂的他露出陽光般的笑容，跟這群出勤的夥伴們敬了一個禮，他站得那樣直。那樣的以他們兄弟為傲！

靈魂的他很快地消失了，我知道，他也跟著去出勤了，就算沒有了身體，他依然熱血沸騰，用自己的方式守護這一群兄弟。

第四篇

為靈魂之旅鋪路

人身難得，因為我們可以體驗，可以感受，可以嚐到、聽到、觸碰到。用我們身體去感知這個世界！但是結束的時間誰也不知道，包含你和我，事情總是在瞬間發生，你能不能先準備好？很難。

但現在是否能為自己多做一點事？當然可以！我們比靈魂幸福多了，我們還可以去吃更多沒有嘗試過的，我們還可以去聽更多沒有聽過的，儲存在我們內在靈魂的資料庫裡。

是的，未來還有很多你沒有嘗試過的，無論酸甜苦辣都等著你，也許也有神奇的事等著你。所以如何打破我們給自己的限制，讓我們體驗更多的自己，滋養我們的靈魂，就是這個章節要跟你說的。

靈魂織光在我們身上

我是一個能看出人身上「靈魂織光」的靈媒。這是我其中一個被開啟的能力。什麼是「靈魂織光」？

這是一種由非常非常非常綿密細小的顆粒所構成的能量線結構。人體的能量線呈現著多層次的結構，每一層都在特定的頻率上振動，形成獨特的顏色和質感。每一層的顏色不僅代表了不同的能量頻率，還象徵著特定的情感、心理狀態或靈性層面。所以，靈魂織光與個人的特質、狀態，甚至是過去的經歷密切相關。

核心的靈魂織光，通常具有一種主要顏色，代表個人的基本特質和內在狀態，包含個性、內在驅動力和生命目標。這一層靈魂織光相對穩定，不容易受外界影響，但隨著個人經歷的深化和自我覺悟的提高，核心能量線的顏色和質地可能會經歷微妙的變化。

在包覆核心向外一層的靈魂織光反映了個人的過去經歷。個人生命經驗如何塑造他們的能量場，包括童年經歷、重大生活事件及前世記憶都會在這一層展現出來。我們也可能在這一層發現深層的情感創傷和心理模式，這些都是塑造當前能量狀態的關鍵因素。如果一個人擁有平穩和積極的過去，這層靈魂織光可能特別強大。

最外層靈魂織光就較易受到外界因素的影響，包括與他人的情緒和能量交互、周遭環境甚至是社會文化的氛圍。這層能量線的變化很直接反映了人與外界的互動模式，如同化他人的情緒、吸收環境中的能量，以及如何對外部挑戰做出反應。這些變化可能會影響個人的時間線和世界觀。一個擁有強大外層靈魂織光的人可能會對世界持有開放和探索的態度，並在行為上表現出主動性和冒險精神。

不過在這裡補充一點，所謂的靈魂織光並不局限於只有三層，有些人會有四到五層的靈魂織光。但這些細節並不是我接下來要講的重點。

我想告訴大家的是，我們的能量是個人特質的反映，還是過去經歷和當前互動的綜合體。這些能量層次相互作用，共同塑造了我們如何與世界互動，以及我們對生活的感知和應對方式。

在生活裡，我們每天都在與他人進行情緒和能量的交換，這些交互作用在我們的靈魂織光上留下痕跡，影響我們的感知與反應。靈魂織光這個由細微能量絲線交織而成的複雜網絡，承載著我們的情緒和經歷，也對周圍的情緒反應敏感。

我喜歡將靈魂織光比喻為兔毛般細膩，一旦被負面情緒污染，就像兔毛沾上墨水或口香糖，去除這些痕跡需要細心和努力。面對負面情緒如憤怒、悲傷或焦慮時，這些情緒能量會透過靈魂織光進入我們的能量場，造成混亂和不平衡。

往往我們未必意識到自己的情緒狀態如何受到周圍人的影響。在許多情況下，我們可能不自覺地從周遭人群中吸收壓力和焦慮，這些能量轉移在我們的靈魂織光中形成糾結，影響我們的感知和反應。

你可能曾有這樣的經驗，當你遇到某些人時，會感到特別的舒適和自在，彷彿他們的存在就能溫暖和照亮周圍的環境。這種感覺就是靈魂織光的直接體現。當一個人的靈魂織光被充分地培養和維護時，他或她就能發出這種溫暖和光明，影響和提升身邊人們的能量。

靈魂織光，雖然我們眼睛看不見，但它真的很關鍵！就像是我們靈魂的能量圖騰，展示了我們內心的世界，還反映出我們怎麼對待自己，怎麼活出自我。當我們給自己的生活添加更多新鮮事物，嘗試不同的經歷時，我們的能量就會隨之改變，就像給靈魂織光上色一樣，豐富多彩。

想像一下，我們的生活充滿了各種體驗、旅行、學習新技能，甚至是日常中的小冒險，這些都會在我們的靈魂織光上留下痕跡。這就像是給我們的靈魂照一張張照片，記錄下每一次成長和變化。而這些積累起來的體驗和想法，就像是一個磁鐵，能吸引更多的機會和可能性來到我們身邊。

其實，我們每個人的靈魂織光都是獨一無二的，就像指紋一樣。我們為自己的生活添加的每一點光彩，都會讓這個織光更加完整和美麗。

擁抱變化

在我們的生命旅程中，最終我們都將走到肉體的盡頭，進入純粹的靈魂狀態。學會在生活中迎接變化、激發創造力，並體驗豐富的生活經歷，就是為未來的靈魂旅程做最佳準備。這些經驗能豐富我們的人生，也為我們作為靈魂存在時的狀態打下基礎。

首先，我們要學會接受變化是生命的一部分。當你接受變化，你就開始從中學習、成長，而不是抗拒。

抗拒變化會在我們的內在靈魂上留下深刻的痕跡。它會阻礙我們的個人成長和靈性發展，失去了彈性和包容性。我們便失去了學習和進步的機會。這種抗拒會讓我們停滯不前，無法繼續前行，甚至可能導致我們回到過去的舊模式和習慣中，錯失成長和體驗的機會。

其次，抗拒變化會在自己靈魂上造成壓力和焦慮。它會導致我們的內心感受到持續的衝突和緊張，因為我們內在的自我意識與外在發生的變化不斷地對立。長期的內心衝突可能會消耗能量，而感到疲憊和無力，這不利於我們的心理健康和情感穩定。

更重要的是，抗拒變化會限制視野，使我們難以看到生活中更廣闊的可能性。當我們固守於現狀，不願意接納新的觀點和機會時，靈魂就失去了探索和實現其潛能的機會，也失去了累積這些感受和豐富經驗的機會。

在談論「為靈魂之旅鋪路」時，我們談的是生命的物理旅程，還包括那些累積在靈魂深處的記憶和經歷。這些經歷塑造了我們的身分，豐富了我們的生活，並在靈魂的織光中留下了不一樣的狀態。

生活的豐富度來自於多樣的體驗和深刻的人際關係。旅行是豐富生命經驗的一種強大方式，讓我們跨越地理和文化的界限，體驗不同的生活方式，看到世界的廣闊和多樣性。每一次旅行，無論是遠足山巔還是漫步海岸，都是在我們的靈魂之書上增添新的章節。這些經歷成為我們記憶中的寶貴資產，豐富了我們對世界的理解和感受。

在未來成為靈魂的狀態裡，當想到曾去過的國家，我們才有機會回到那個國家，這原理在於我們提取的感受來自於過去曾在那個國家的經驗和美好。

與家人的互動同樣重要，在日常生活中簡單的行為，如共享一頓飯，一次深夜的對話，一次無聲的支持，或一個溫暖的擁抱，都是我在深入靈魂記憶時發現的重要部分。

在靈魂溝通時，很多靈魂會記得的不是自己賺很多錢，而是與親友共享生活中感動的一刻！孩子出生，做一頓飯，老友相聚，一次大哭下用足了一包衛生紙，失戀時好友的相伴，第一次升官時家人的歡呼，或生命裡難過和失落時的那些點滴。

是的，深刻的感受往往是留在靈魂狀態裡最深的記憶！

這些看似尋常的互動時刻，實際上是建立和深化我們與親人間聯繫的關鍵。編織成一條條感情的絲線，緊密地將我們與所愛的人綁在一起。

生活中的每一次相遇和分離，每一個決定和選擇，都在我們的靈魂織光中留下獨特的印記。這些印記，無論是喜悅還是悲傷，都是我們存在的證明，是我們靈魂之旅的路標。

每次靈魂溝通時若有一些感觸，我都會寫下來做記錄，不只提醒大家，也提醒我自己。

當時，只道是尋常。

去超市買一杯咖啡，你有沒有抬頭看看店員的表情？

你抬頭看過當你說「我出門了」時你家人的表情嗎？

你有沒有在晚上回到家時，發現餐桌上有為你準備還冒著煙的食物？

你多久沒有躺在床上時，親一親你的孩子或是家人？

那些生活的尋常，那些每天響起的捷運聲響，那些開啟門的鑰匙聲？那些車子發動的聲音……曾跟你說的「小心開車」，他是誰？

那一句「我回來了」，晚上伴隨著電視的聲音，那些樓上樓下的開門關門聲，或是晚上亮著燈還在整理白天工作資料的家人，你有拍拍他的肩，說聲：「辛苦了……」

當時，只道是尋常。

你有沒有跟朋友相聚喝酒過，那些微醺或是醉得七零八落，說「回家小心」的瞬間？他的笑聲，他的氣味，你還記得嗎？跟他爭執過嗎？生過他的氣嗎？為了一些他白目的言詞，為了他那個不聽話的動作？那些不開心，不爽。

當時只道是，尋常。

是的，只道是尋常。

眼睛睜開就是這樣過著日子，為了那些未來好，或是下個月的計畫好，或是幾個月的計畫好，或是以後、以後我們再一起去哪裡哪裡……

當時只道是尋常。

我們總以為這些尋常能夠很久很久，然後以後以後我們以後再說。對來靈魂溝通的家人來說，卻是一分一秒都珍貴，一句話、一個動作，只要能聽到、能認出，一切都值得了。

那些對不起，那些有沒有什麼能為他完成的事情，都彌足珍貴。能再聽見一次「我回來了」。能再知道，就算他是生氣的都好。那些曾經怪他的，或是甚至已經賭氣許久沒有說話的，在靈魂溝通時，所有一切生氣埋怨都不重要了！

再抱一次！

再謝謝他一次！

再握他手一次！

再跟他一起抽菸！

再一起喝杯酒！

再為他準備一次便當！

只要他活著，都好！只要能再說一次話，都好！

我為靈魂溝通這麼多年，對我來說，不是數量多少，而是我能不能好好幫他，把話對你說好。

能不能再對你好一次？能不能讓你明白，你已經為他做得夠多了！

不要自責！不要自責！要好好地活著！要愛你自己！然後我也能好好地離開！

生命很短，不要留遺憾。那些堅持的，那些放不下的，面對生命的命運大門，其實什麼也留不下的那些尋常，卻成為最珍貴的片段。

深入改變

生命中的變化經常是我們個人成長和靈性進步的催化劑。每一次變化都是探索自我和理解宇宙更深層次的機會。這些經歷影響我們的靈魂織光，形成我們人生旅程的基石，為我們的未來鋪路。

首先要明白，變化是生命的常態。不論是職業轉變、人際關係的變動、健康狀況的波動，或是內心世界的轉變，都是自我成長的機會。這些變化有時可能是痛苦的，有時可能是喜悅的，但都是我們靈性旅程中不可或缺的部分。接受變化包括：

保持開放心態：願意接受新事物，理解每一次變化都有其意義和價值，即使在當下看起來可能是挑戰或不利的。

自我反思：在變化中尋找學習和成長的機會。問自己：這次變化教會了我什麼？我如何可以從這經驗中成長？

建立支持網絡：與親朋好友或心靈導師建立聯繫，尋求他們的支持和指導。在面對變化時，擁有一個支持網絡可以提供安慰和建議。

練習正念和冥想：這些靜心技巧可以幫助我們保持平靜，並更好地處理情緒波動，讓我們能夠在變化中保持內心的平衡和清晰。

尊重自己的感受：接受自己在變化過程中的各種情緒，不論是悲傷、恐懼、興奮或是釋放，都是自我發現的一部分。

在這個過程中，我們的靈魂織光是我們內在核心的反映。它代表著我們的能量和生命力，也象徵著我們的生命經歷和學習。當我們積極地面對生命中的變化，我們的靈魂織光會更加明亮，指引著我們在人生旅程中前進。

但當你就是糾結過不去的時候，你該怎麼辦？

這時建議你出去走走，散步，任何時候多接近樹和大自然，當內在的糾結讓你感到困擾和無法前進時，外出散步並親近大自然可以是一種有效的療癒方式。

以下是進一步的建議和解釋，幫助你通過接觸自然來梳理靈魂織光，找到內心的平靜與答案：

放慢腳步，感受自然：在生活的快節奏中，我們經常遺忘了自然界的簡單美好。放慢腳步，走進自然，不僅是一種身體上的放鬆，更是靈魂深處的療癒。當你走在林間小徑，或是海邊沙灘時，讓自己完全沉浸在自然的懷抱中。深深地吸一口氣，感受空氣中混合著泥土、樹葉或海鹽的味道，聆聽鳥兒的歌唱、樹葉的沙沙聲或是波浪的拍打聲。

在自然中散步時，試著對周圍的一切保持好奇和開放的態度。觀察一朵花的開放，一隻蟲子的爬行，或是天空中雲彩的變化。每一個細節都是大自然賜予我們的禮物，每一個瞬間都值得我們用心去體驗。

這種與自然的連接可以幫助我們跳脫日常生活的喧囂和壓力，讓我們的思緒得到釋放和寧靜。在這個過程中，我們的靈魂得到滋養，我們內心深處的繁忙和混亂得以平靜下來。當我們的心靈與自然和諧相融，我們的靈魂織光也會更加明亮和純淨。

當我們認識到自己只是這個廣大宇宙中的一部分時，我們的問題和煩惱會顯得不那麼重要。這種視角的轉變能夠幫助我們重新評估生活中真正重要的事情，尋找到內心深處的平靜。

當我們放慢腳步，沉浸在自然界中時，不僅是在體驗外在的美好，更是在與自己的靈魂深層連結。這種連結有助於清理和滋養我們的靈魂織光，使其更加明亮和純淨。

靈魂織光，作為我們內在能量結構的一部分，會受到我們情緒和環境的直接影響。在自然環境中，我們能夠更容易釋放壓力和負面情緒，因為自然的和諧能量有助於穩定和平衡我們的靈魂織光。通過這種方式，我們不僅增強了與大自然的連結，也加深了對生命本質的理解和感激。

此外，這種與自然的親密接觸還可以促進我們的心靈成長，幫助我們在生活中發現新的意義和目標。因此，藉由在自然中散步並觀察周圍的一切，我們不僅在體驗外在世界的美好，也在進行內在靈魂的療癒和成長，為我們的靈魂之旅鋪設了豐富多彩的道路。

樹木的力量：樹木的力量在自然界中扮演著獨特且重要的角色。它們不僅是大自然的基本組成部分，提供氧氣和遮蔭，而且還是我們心靈療癒和情感平衡的重要來源。樹木的堅韌和智慧象徵著生命的恆久和自然界的深刻洞察力，它們透過微妙但強大的能量交流與人類的靈魂織光產生積極的互動。

當我們親近樹木，如觸摸樹皮或擁抱它們時，我們與自然界的這種能量交換有助於淨化我們的思緒和情緒。這種交流讓我們的靈魂織光變得更加明亮和純淨，就像樹木透過吸收二氧化碳並釋放氧氣一樣，它們吸收我們的負面能量，並回饋平和與穩定的力量給我們。

透過與樹木的親密接觸，我們得以體驗大自然的支持和無條件的愛，這有助於我們找到心靈上的力量。這種連接不僅是身心的放鬆，也是對靈魂深處的療癒，使我們能夠釋放日常生活的壓力和混亂，並在靈魂的旅程上取得進步。

利用水的清淨作用：走到附近的湖泊、河流或海邊，親近水體，是對我們靈魂織光的深刻淨化過程。水元素在許多文化和靈性傳統中象徵著情感的流動、淨化和轉化。當我們與水接觸時，它的流動性有助於釋放我們內心的情感負擔，帶來心靈的清新與恢復。

在自然水域的邊緣，靜坐或漫步，感受水面的寧靜或波動，都是與自己內在世界進行深度對話的機會。水的流動與我們靈魂織光中能量的流動有著相似之處。它們都在不斷運動中進行著淨化和更新。就像水流可以沖走河床上的積聚物，我們靈魂的能量流動也可以幫助清除生活中積累的負面情緒和阻塞。

觀察水流，聆聽它輕拍岸邊的聲音或是在岩石間穿流的潺潺聲，都能幫助我們放鬆思緒，進入更深層次的自我意識狀態。這種靜心的過程讓我們的思緒暫時脫離日常生活的繁忙和混亂，進入一個更寧靜和開放的空間，讓我們的靈魂織光得以自由呼吸和擴展。

在水邊的時光也是重新連接我們與大自然的機會。我們的靈魂織光與自然界的能量網絡深深相連，當我們在自然界中花時間，特別是在水邊時，這種聯繫得以加強。

為未來的靈魂之旅做準備，是關於外在經歷的積累，也是關於內在靈性的深化和成長。

寫作或畫畫：在大自然中進行寫作或畫畫，可以幫助我們更好地理解和表達自己的內心世界。這種活動是情緒宣洩的管道，也是自我探索和認識的過程。當我們把內心的想法和感受轉化為文字或圖像時，我們記錄了那一刻的心情，也在無意中探索了自己的深層次思維和情感。

寫作，特別是日記或個人反思，可以幫助我們追蹤自己的心理狀態和情感變化，進而提供了自我了解的機會。當我們試圖將混亂的思緒轉化為文字時，我們整理了自己的思想，也可能發現了隱藏在日常生活表象之下的深層次需求和願望。

畫畫則提供了一種非語言的表達方式，讓我們可以透過顏色、形狀和線條來探索自己的情感和想像。即使我們不擅長美術，隨意的塗鴉也能反映我們當時的心理狀態，並幫助我們釋放壓力和情緒。

進行一個小實驗，你可以拿起一張紙和幾枝彩筆，隨意畫出各種顏色和形狀，不需要具體的圖案或意象。完成後，邀請幾位朋友分享他們對你這幅畫的感受和想法。你會驚訝地發現，他們的描述很可能與你近期的心情或經歷密切相關。

這個簡單的遊戲是一個有趣的活動，也是一種深刻的自我反映工具。當你隨意揮灑顏色和線條時，你的內心狀態和無意識思維會自然地表達在畫紙上。而朋友們的反饋，則像是一面鏡子，反映出你內心世界的片段。

這會幫助你從他人的角度理解自己，也提供了一個機會來探索你可能尚未意識到的感受或問題。透過這樣的交流，你可以更深入地理解自己的內在世界，也可能發現新的自我洞察。

每次的寫作和畫畫是個人情緒的宣洩，也是自我認識的一種方式。透過這些活動，可以逐步建立起一個自己更加完整理解的自我形象。我們的選擇將不再只是反應或習慣，而是基於對自己深層次理解和願景的清晰認識。

最終，這種深入的自我探索和表達，會讓我們的生活更加多彩多姿，也會讓我們的靈魂之旅更加豐富和有意義。隨著時間的推移，我們會發現自己在不斷成長和變化，也會發現自己所走的每一步都是向著更好的未來邁進的堅定腳步。

後記

這本書或許揭開了你從未深思或未曾知曉的領域，希望它能引領你探索新的視角，為自己的未來鋪路，而這本書將是一個陪伴、一份指引。

即使你現在可能已經感受到某些超感官的能力或領悟到某些天賦，我想強調的是，開啟這些能力並不意味著你必須走上特定的道路。這只是我基於個人探索而有的選擇，並非所謂的命中注定。在我的旅程中，我發現讓生活變得更加美好才是最關鍵的目標。

我不斷談論靈魂的原因是，終有一天，我們每個人都會踏上那條路。希望這本書能給你新的視角來思考未來。生活中的每一次悲傷、痛苦、憤怒或不快都會在我們的靈魂中留下烙印。因此，你現在就有機會選擇如何看待周圍的人和事，以及你想讓哪種狀態永留於自己的靈魂深處。

這個世界不僅有靈魂的存在，還有許多未知等待我們去探索。然而對我來說，如何讓自己的生活更加充實和有意義才是最重要的。正如我所倡導的，「放下遺憾，落地生活」，我們應當以一種更加平和的心態來面對靈魂的存在，使我們的生活與眾不同。未來的路，是我們可以自己塑造和掌握的。讓我們一起在這條靈魂旅程上，勇敢地前進，發掘生命的無限可能。

而這本書裡寫下的靈魂狀態和故事，希望提供你從更高的視角看待生活的挑戰，並在靈性道路上不斷前進。

人很難不遺憾，我們總希望為愛的人做更多！當你知道靈魂狀態這麼與我們不同，比我們少了更多的擔心和牽掛，那是不是你能多為自己想一想？為了準備未來的靈魂生活，我們需學會接納變化，培養心靈的彈性。通過學習新知識、開放心態來擴展視野，為美好的靈魂生活鋪路。

靈魂織光的調整和塑造是持續過程，提供的方法和練習可以幫助你淨化和強化靈魂能量，更好地面對挑戰和機遇，對於未來時間線的跳躍有更大的彈性。

最後，我想對每位讀者說：在闔上這本書的這一頁後，我們的旅程並未結束，而是開啟了一個新的篇章。我們一起探索的靈魂之路，是一場沒有終點的旅行，每一步都充滿了發現和成長的機會。

我希望這本書能夠成為你靈魂旅程中的一個起點，激勵你去探索更深層次的自我和宇宙的奧祕。記住，每一次的覺醒、每一次的理解都會為你的生命帶來新的意義和方向。

當你繼續前行時，願你保持對生命的好奇心和對靈魂的敏感。不要害怕面對挑戰和變化，因為這些正是你成長和進化不可或缺的部分。在未來的道路上，無論遇到什麼困難或是歡喜，都是靈魂歷練和昇華的機會。

讓我們懷著開放而勇敢的心，繼續這段靈魂的旅程。相信在未來的日子裡，你會遇見更多的光明，感受到更深的愛，並實現自己的靈魂使命。

再次感謝你的同行，願我們在靈魂的道路上相遇相識，共同成長。祝你旅程充滿愛與光明，直至心靈的彼岸。

Trans+

Trans+